Sascha Schmidt

Hör mir doch mal zu!

In der Familie besser miteinander reden

DAS ELTERNMAGAZIN FÜR DIE KITAZEIT

Inhalt

Zum Elternsein gehört es, für eine gute Kommunikation zu sorgen

Das Einmaleins der Kommunikation

Wie wir miteinander reden, prägt unser Familienleben

Die vierjährige Lisa hüpft wild auf dem Sofa herum. *Ihre Mutter möchte, dass sie damit aufhört. „Schau mal, Lisa, wenn du so wild hüpfst, dann wird alles unordentlich", ermahnt sie ihre Tochter. „Und außerdem mag Papa das nicht. Hör bitte auf damit." Lisa hüpft unbeeindruckt weiter und ruft „Ui, ist das toll!" Genervt wendet sich die Mutter an den Vater: „Sie hört nicht auf mich. Was soll ich machen?" Lisas Vater geht zu seiner Tochter und sagt: „Ich will, dass du aufhörst mit dem Hüpfen. Komm mit mir in den Garten, da können wir toben." Lisa folgt ihm freudig in den Garten.*

„Man kann nicht nicht kommunizieren" ist ein berühmtes Zitat des Psychotherapeuten und Kommunikationswissenschaftlers Paul Watzlawick. Und er trifft damit sprichwörtlich den Nagel auf den Kopf. Wir kommunizieren permanent mit unserer Umwelt – ob wir wollen oder nicht. Wenn wir achtsam kommunizieren, sind wir uns bewusst, was wir sagen und wie wir uns dabei verhalten. Zum Verhalten zählen Stimmlage, Mimik, Gestik und Körperhaltung. Sinkt unsere Achtsamkeit, kann es passieren, dass unsere Inhalte (Wörter) nicht zu unserer Gefühlslage (Verhalten) passen. Ein dahin gelachtes „Ich will das nicht" hat nicht die gleiche Wirkung wie ein klares „Ich will das nicht!", das mit fester Stimme und entschlossener Ausstrahlung gesprochen wird.

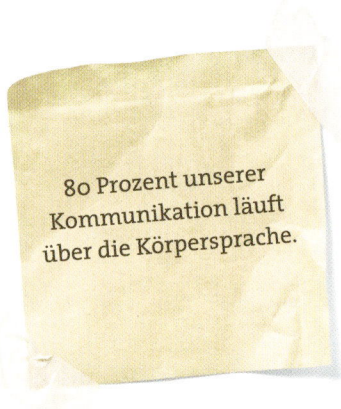

80 Prozent unserer Kommunikation läuft über die Körpersprache.

Der Dichter Heinrich von Kleist bringt es wunderbar auf den Punkt: „Wenn du die Kinder ermahnst, so meinst du, dein Amt sei erfüllt. Weißt du, was sie dadurch lernen? – Ermahnen, mein Freund!" Der Inhalt ist futsch, es wirkt lediglich die Art und Weise, wie wir etwas sagen. Experten sprechen in diesem Zusammenhang von der Beziehungsebene. Kommunikation besteht also aus Inhalt und Beziehung, als Formel formuliert: Was + Wie = Kommunikation.

Botschaften ohne Worte

Ob wir es glauben oder nicht: Das Wie gewinnt immer. Egal, was wir sagen, wenn das Wie nicht zum Gesprochenen passt, kann es nicht wirken. Gerade im Familienleben kommt das ans Licht. Eltern, die einem Nein durch Stimmlage und körperlichen Ausdruck keine klare Botschaft mitgeben, verzweifeln oft, denn sie werden nicht ernst genommen.

Spannend ist, dass unsere Kinder die Wirkung von Was und Wie in der Kommunikation sehr schnell lernen und beherrschen. Ein Paradebeispiel ist das Prinzessinnengesicht, das die kleine Tochter aufsetzt, wenn sie vom Vater etwas will. Zum Beispiel ein zweites Eis. Um das zu bekommen, strahlt die Tochter den Vater an, klimpert mit den Augen und sagt ganz lieb „Bitte, bitte, Papi". Die Chance, zum Ziel zu gelangen, ist dann wesentlich höher als bei einem lauten und herrischen: „Ich will jetzt ein zweites Eis!"

Was ist eine gesunde Kommunikation?

In erster Linie geht es darum, dass alle Familienmitglieder achtsam und wertschätzend miteinander sprechen und agieren. In der Theorie hört sich das gut an, in der Praxis sieht es anders aus. Termindruck bei der Arbeit, Perfektionismus, digitale Verlockungen und Ablenkungen sowie Unzufriedenheit mit sich selbst oder der Partnerschaft sind typische Achtsamkeitskiller im Familienleben. Die Aufmerksamkeit liegt nicht beim Kind oder Partner, sondern sie ist getrübt. Das spürt das Gegenüber und reagiert entsprechend.

„Verstehen ist Liebe" ist ein Merksatz der buddhistischen Achtsamkeitspraxis von Thich Nhat Hanh. Damit ich verstehen kann, was mein Kind will oder was es meint, muss ich zuhören – und zwar mit allen Sinnen. Also nicht nur den gebrüllten Satz „Ich will die Jacke nicht anziehen!" hören, sondern die mögliche Botschaft dahinter spüren. Geht es nur um die Jacke (das Was) oder ist da eine Frustration hinter dem Schreien (das Wie), die gar nichts mit der Jacke zu tun hat? Geht es vielleicht darum, dass mein Kind gerade nicht in den Kindergarten will? Und wenn ja, warum? Dafür braucht es Raum und Zeit für Aufmerksamkeit und Reflexion. Beides ist selten vorhanden, wenn es morgens losgehen soll. Doch die Art und Weise, wie wir reden und zuhören, bestimmt maßgeblich die Qualität der Beziehungen innerhalb der Familie.

> Zum aktiven Zuhören gehört es, sich dem Kind zuzuwenden, aufmerksam seine Worte und Gesten wahrzunehmen, eventuell nachzufragen und die Aussagen und Gefühle des Kindes zu spiegeln.

Wichtige Zutaten

Kommunikation ist wie Kuchenbacken. Wir sollten die richtigen Zutaten verwenden, auf die Mischung achten und dann hoffen, dass es gelingt. Das bedeutet übersetzt: Die Zutaten (Was) und die Mischung (Wie) können wir beeinflussen. Ob unser Gegenüber dann auch versteht, was wir meinen und wollen, liegt außerhalb unserer Macht. Wenn er es nicht tut, müssen wir die Zutaten oder die Mischung variieren. Erfolgsversprechende Zutaten sind:

- Klarheit darüber, was Sie sagen wollen
- eine kindgerechte Sprache und Wortwahl
- eine passende Körpersprache und der richtigen Tonfall
- ein gutes Gespür für die eigene emotionale Verfassung

Wenn Sie Ja oder Nein sagen wollen, dann tun Sie es einfach. „Ja, du darfst noch spielen" oder „Nein, ich will jetzt los und du kommst mit!" Punkt. Das ist mit der Zutat Klarheit gemeint. Wichtig ist dabei natürlich, dass Sie wissen, was Sie wollen. Wenn das nicht der Fall ist, können Sie trotzdem klar sein, zum Beispiel: „Ich bin gerade nicht sicher, ob ich los will oder du noch spielen kannst. Gleich sage ich dir Bescheid. Solange kannst du noch spielen".

Sprache und Wortwahl sollten an das Alter des Kindes angepasst sein. Der Gebrauch von Fremdwörtern ist zum Beispiel unpassend, das leuchtet ein. Die Babysprache nervt ein Kleinkind aber auch. Hilfreich sind zwei Grundsätze: 1. Verwenden Sie eine handlungs- und sachbezogene Sprache. Das bedeutet, dass das Gesagte zur Lebenswelt Ihres Kindes passt. Sagen Sie also statt „Morgen fahren wir zur Oma" lieber „Nach dem Schlafen fahren wir zur Oma". Die Zeitangabe „morgen" ist für Kleinkinder noch nicht nachvollziehbar, das Schlafen schon. 2. Gebrauchen Sie auch im Kleinkindalter eine persönliche Sprache. Das bedeutet konkret: Sagen Sie statt „Mama geht jetzt einkaufen" lieber „Ich gehe jetzt einkaufen".

Ihr Tonfall und Ihre Körpersprache sind abhängig von Ihrer persönlichen Verfassung. Sind Sie gerade gut gelaunt und ausgeglichen oder bereits genervt? Ist die Ursache für Ihre Gereiztheit mangelnde Klarheit, das heißt, Ihr Kind hat auf Ihre Botschaften nicht reagiert? Oder gibt es eine andere Vorgeschichte, wie zum Beispiel den Stau auf dem Weg zum Kindergarten? Dies ist der Nährboden für die Beziehungsebene. Unsere Kinder sind hier ein guter Spiegel. So wie wir in den Wald hineinrufen, schallt es nämlich heraus.

Authentische und persönliche Sprache

Kinder sind Meister darin, mit den Gefühlen hinter unserer sozialen Maske zu kommunizieren. Das machen sie nicht, um uns zu ärgern. Sie machen das, um mit uns im wahrhaften Kontakt zu sein. Umso größer ist das Geschenk von uns Eltern an die Kinder, wenn wir uns authentisch und verantwortungsvoll zeigen.

Ein Klassiker ist hier die Eingewöhnungszeit im Kindergarten. Es kann sein, dass einem Kind der Abschied schwer fällt, während Vater und Mutter noch in der Einrichtung sind. Es weint; die Eltern gehen

> „Könntest du das bitte aufräumen?" Mit solchen Sätzen kommen Eltern nicht weiter. Kinder brauchen klare Aussagen, von Anfang an.

schweren Herzens. Beim Abholen erfahren sie von den Erzieherinnen, dass schnell alles gut war. Komisch, oder? Zunächst Tränen, und kaum sind die Eltern weg, ist alles gut. Wessen Tränen weint das Kind? Es sind Tränen des Abschiedes – eigene und stellvertretend die der Eltern.

Statt dem Kind zu sagen „Es ist alles gut. Schau mal, wie schön es hier ist und wie die anderen Kinder spielen", könnte eine authentische und persönliche Botschaft lauten: „Ich bin heute traurig, denn die schöne Zeit mit dir zu Hause ist zu Ende. Und ich freue mich für dich, denn jetzt gehst du in den Kindergarten. Du bist echt groß geworden. Das ist toll!" Hier übernehmen Sie persönliche Verantwortung für Ihr Gefühl der Trauer und benennen dieses auch. Ihr Kind muss es nicht mehr stellvertretend für Sie tun. Was für eine Erleichterung für alle!

Kinder werden als hochkompetente Beziehungswesen geboren. Sie suchen Kontakt zu ihrer Umwelt, insbesondere zu uns Eltern. Und sie lieben uns Eltern bedingungslos. Daraus entsteht eine emotionale Abhängigkeit von uns. Wir Eltern tragen die Verantwortung dafür, wie wir mit unseren Kindern leben und welche Qualität unsere Beziehung hat. Die Art und Weise, wie wir miteinander kommunizieren, ist ein ganz wichtiger Baustein für das Beziehungsleben.

> Kinder spüren mehr als uns manchmal lieb ist. Umso wichtiger ist es, dass wir authentisch mit ihnen kommunizieren.

Sprachentwicklung von Kleinkindern

Wie entwickelt sich die Sprache und das Verständnis für Wörter bei Kindern? Der Entwicklungsspezialist und Kinderarzt Remo H. Largo gibt in seinem Buch *Babyjahre* wichtige Hinweise:

- In den ersten zwei Lebensjahren kommunizieren Kind und Eltern fast ausschließlich durch Körpersprache.
- Wörter sind im Säuglingsalter für das Kind inhaltlich bedeutungslos. Entscheidend sind Stimmlage, Sprachmelodie und der Gesichtsausdruck der Mutter oder des Vaters.
- Säuglinge teilen sich durch Mimik, Schrei- und Blickverhalten mit. Eltern haben oft eine intuitive Gabe, diese Sprache zu verstehen.
- Körpersprache schafft eine Beziehung zwischen Kind und Eltern.
- Kinder erwerben Sprache eigenständig. Doch sie brauchen Bezugspersonen, die mit ihnen reden. Über das Erleben von Kommunikation entwickelt das Kind Sprache.
- Eltern sollten ihre Sprache an das Sprachverständnis des Kindes anpassen. Ein guter Leitfaden ist dabei: Orientierung an der Vorstellungswelt des Kindes und nachvollziehbare Bezüge zur Situation.

Unbedachte Worte können Kinder kränken

„Immer bist du so ungeschickt!"

2

Warum Worte verletzen und wie wir es vermeiden können

Der fünfjährige Stefan und sein Vater spielen Fußball. *Stefan stolpert, fällt hin und fängt an zu weinen. Sein Vater ruft ihm zu: „Komm schon, steh auf, sein kein Weichei." Stefan steht mit Tränen in den Augen auf und spielt kurz weiter. Dann hat er keine Lust mehr. Abends beim ins Bett Gehen erzählt er seiner Mutter, dass er kein Weichei sein wolle. Der Papa habe ihn so genannt. Die Mutter erkundigt sich später beim Vater; der kann sich gar nicht mehr daran erinnern.*

Einen Tag lang die Kommunikation mit dem eigenen Kind auf Tonband aufnehmen? Hören, was wir zu unserem Kind sagen? Marc Baumann, Vater und Autor beim *Süddeutsche Zeitung Magazin* hat diesen Selbstversuch gemacht. Sein Fazit: „Dauernd sage ich Nein!, Hör auf!, Stopp!". Und „Wie fremd die eigene Stimme klingt: nach Kasernenhof und trauriger Kindheit." Sich selbst zuzuhören öffnet Ohren und Augen. Was sagen wir eigentlich zu unseren Kindern? Stärken wir sie mit unseren Worten? Zeigen wir ihnen unsere Liebe und unsere Freude darüber, dass es sie gibt? Oder hören unsere Kinder ein Stakkato von Verboten, Reglementierungen und Stigmatisierungen? Marc Baumann kommt an einem ganz normalen Arbeits- und Kindergartentag auf circa 30 Neins und an die 50 Verbote. Was macht das mit den Kindern?

Worte wirken

„Das war nicht so gemeint" oder „Stell dich doch nicht so an!" sind typische Ausflüchte, wenn wir jemanden verletzt haben. Der Empfänger unserer Botschaft soll die Worte nicht so ernst nehmen. Doch das funktioniert leider nicht. Was gesagt ist, steht im Raum, wird gehört und verdaut. Bei Kindern umso mehr, denn im Gegensatz zu Erwachsenen glauben sie in den ersten Lebensjahren alles, was sie von ihrer Mutter oder ihrem Vater hören. Vergessen Sie bitte nicht: Kinder lieben ihre Eltern. Wie kann da falsch sein, was Mama oder Papa sagen? Und zwar verbal mit Worten und nonverbal durch Körpersprache, Mimik und Tonlage.

Wie stark die Macht und wie lang die Wirkung elterlicher Worte ist, erleben selbst Erwachsene immer wieder. Man versucht zum Beispiel ein Konfliktgespräch bei der Arbeit ruhig und sachlich zu führen. Doch die Stimmlage des Chefs regt einen auf und führt dazu, dass man sich klein fühlt. Wieso? Ich bin groß, er ist groß: Wo ist das Problem? Beim genaueren Reflektieren kommt vielleicht heraus, dass die Tonlage des Chefs einen an den eigenen Vater erinnert. Dessen Worte sind unbewusst immer noch so mächtig, dass man sich selbst kleinmacht.

IMMER BIST DU SO LAHM!

Macht und Verantwortung der Eltern

Das Wort „Macht" mögen viele nicht lesen oder hören. Es ist negativ besetzt. Und doch beschreibt es einen ganz wichtigen Sachverhalt: Wir Eltern haben Macht über unsere Kinder. Wir bestimmen, wie und wo sie leben, welche Werte wichtig sind, was eingekauft wird, ob es einen Fernseher gibt und so weiter. Die Liste ist endlos.

Die Art und Weise, wie wir Gespräche führen, ist ein guter Indikator dafür, ob wir verantwortlich oder missbräuchlich mit der elterlichen Macht umgehen und welchen Stellenwert unsere Kinder innerhalb der Familie haben. Sind sie Objekte, über die man bestimmen kann und über die man spricht? Oder sind sie Subjekte, also vollwertige Gesprächspartner, die ein Recht auf eigene Gefühle und Wortmeldungen haben?

Die Entscheidung, ob Kinder als Objekte oder Subjekte wahrgenommen werden, liegt in der Verantwortung der Eltern. Sie geben hier den Takt vor. Die Kinder orientieren sich daran. Wer sein Kind in der Entwicklung des Selbstwertgefühls stärken möchte, sollte es so früh wie möglich als Subjekt zu behandeln. Beim Säugling neigen wir dazu, über das tolle Baby zu sprechen. Es kann ja noch nicht mit Worten antworten. Elterliche Liebe, Zuwendung und Schutz zeigen sich nonverbal, durch Schmusen, Lächeln oder Berührungen. Spätestens nach der Säuglingsphase sollten Eltern ihre Kommunikation auf einen Subjekt-zu-Subjekt-Modus umstellen. Das heißt konkret: Reden Sie *mit* Ihrem Kind und nicht *über* Ihr Kind.

> Sie sind in Ihrer Familie der Chef. Nehmen Sie diese Rolle bewusst an.

Das Prinzip der Gleichwürdigkeit

Der dänische Familientherapeut Jesper Juul hat als ein Prinzip für ein stärkendes Miteinander die Gleichwürdigkeit auserkoren. Gleichwürdigkeit bedeutet nicht Gleichheit. Eltern sind größer, sie können und dürfen mehr und tragen in der Familie die Verantwortung. Mit Gleichwürdigkeit beschreibt Jesper Juul die Idee, dass jedes Familienmitglied ein Recht auf eigene Gefühle, eine eigene Meinung und Wortmeldungen hat. Wenn Kinder sehr früh spüren, dass sie gehört und gesehen werden, ist das ein sehr guter Nährboden für ihr Selbstwertgefühl. Hier ein Beispiel für eine ungleichwürdige Kommunikation:

Mutter: *„Lukas, kommst du zum Essen?"*

Lukas ist vertieft ins Legospiel und reagiert nicht.

Mutter (lauter): *„Hallo, Lukas! Essen ist fertig. Auf geht's!"*

Lukas: *„Ich will weiterbauen."*

Mutter (noch lauter): *„Verdammt noch mal, wie oft muss ich es denn noch sagen: Essen ist fertig! Nie hörst du zu! Du musst essen, sonst bleibst du ein Spargeltarzan."*

Die Zuschreibung „Nie hörst du zu!" und das Wort „Spargeltarzan" sind Stigmatisierungen, die wirken, wenn sie oft wiederholt werden. Lukas könnte anfangen zu glauben, dass er als Mensch nicht okay ist. Denn die Botschaft kommt von einer seiner wichtigsten Bezugspersonen, seiner Mutter. Lukas' Botschaft an seine Mutter überhört diese, sie spielt überhaupt keine Rolle für sie.

Ein Blick in die Vergangenheit lohnt sich: Wenn Erwachsene Kinder nicht gleichwürdig behandeln, hängt das oft mit Erfahrungen aus ihrer eigenen Kindheit zusammen.

Das Kind wirklich wahrnehmen

Das gleiche Beispiel mit gleichwürdiger Kommunikation:

Mutter: *„Lukas, kommst du zum Essen?"*

Lukas ist vertieft ins Legospiel und reagiert nicht.

Mutter (lauter): *„Hallo, Lukas! Essen ist fertig. Auf geht's!"*

Lukas: *„Ich will weiterbauen."*

Mutter geht zu Lukas: *„Oh, du spielst gerade, das habe ich nicht gesehen. Trotzdem will ich, dass du jetzt zum Essen kommst. Nach dem Essen kannst du weiterbauen."*

Lukas: *„Nein, ich habe keinen Hunger."*

Mutter: *„Schade, denn deine Nudeln werden kalt. Ich esse jetzt. Falls du doch Hunger haben solltest, dann komm nach dem nächsten Legostein. Ich würde mich freuen, mit dir zu essen."*

Die gleiche Ausgangsbasis, aber ein anderer Verlauf. Der Unterschied ist, dass die Mutter Lukas zuhört. Seine Botschaft ist: „Ich habe gerade etwas Wichtiges zu tun." Seine Mutter geht zu ihm hin, nimmt ihn in seiner Welt wahr und wiederholt zugleich ihre Aufforderung. Lukas sagt, dass er keinen Hunger hat. Das könnte stimmen, vielleicht will er auch nur länger spielen. Jetzt reagiert die Mutter jedoch nicht mit „Papperlapapp, du hast Hunger und musst was essen!", sondern erkennt seine Aussage an, mit der Einladung, doch zum Essen zu kommen, falls er sich irrt und warme Nudeln mag.

Die Botschaften, die wir in der alltäglichen Kommunikation an unsere Kinder aussenden, können diese stärken oder schwächen. Das Selbstwertgefühl unserer Kinder wurzelt in der tiefen Erkenntnis: Ich bin okay so wie ich bin. Vermittelt wird es durch die Liebe, Zuwendung und Anerkennung von uns Eltern. Bei Gesprächen und Auseinandersetzungen mit den Kindern ist es wichtig, sie nicht als Person zu bewerten oder zu verurteilen. Denn das Selbstwertgefühl wird erschüttert, wenn Kinder einen Stempel aufgedrückt bekommen. Diese drei Sätze etwa können sich Kindern als fatale Glaubenssätze einprägen, wenn sie sie oft hören:

1. „Mädchen sind immer nett!" (Späterer Glaubenssatz: „Ich muss nett sein, damit ich gemocht werde.")
2. „Indianer kennen keinen Schmerz. Was bist du für eine Heulsuse!" (Späterer Glaubenssatz: „Sei hart, weine nie.")
3. „Wenn die Großen reden, hast du nichts zu sagen!" (Späterer Glaubenssatz: „Ich darf keine eigene Meinung haben.")

Wenn ein Kind erlebt, dass seine Eltern es annehmen wie es ist, kann es zu einem Menschen heranwachsen, der sich selbst annimmt.

Kinder nicht beschämen

Folgenschwer ist außerdem die Beschämung von Kindern durch Sprache. Sie geschieht fast immer dann, wenn über Kinder wie über Objekte gesprochen wird. Die Gefühle des Kindes werden dabei empfindlich verletzt. Zwei Beispiele:

„Der Paul kriegt nichts gebacken. Der ist ein Grobmotoriker. Wenn ihr mal lachen wollt, dann schaut ihm beim Turmbauen zu."

„Lotte macht immer noch ins Bett. Sie ist und bleibt halt die Kleine." Wenn Sie in Ihrem Umfeld solche Sätze hören, dann können und sollten Sie einschreiten: „Ich finde es nicht gut, wie du über Paul sprichst". Wenn Partner, Freunde, Kitapersonal oder Großeltern sich entsprechend äußern, können Sie sie fragen: „Was ist dein Problem, dass du so über Paul sprichst?" Hier Stellung zu beziehen, ist sehr wichtig. Es nötigt den Sprecher, Verantwortung für seine Worte zu übernehmen, und zeigt dem Kind, dass es auch andere Meinungen gibt und dass es beschützt wird. Die gute Nachricht: Eltern, die Verantwortung für das gesprochene Wort übernehmen, sind ein Glücksfall für jedes Kind. Und: Es gibt eine Formel, die das unbedacht Gesagte abschwächt: „Es tut mir leid. Was ich gesagt habe, war nicht richtig. Ich werde damit aufhören."

Kinder brauchen beides: Geborgenheit und Unabhängigkeit

3

„Ich will aber nicht!"

Die Trotzphase als Chance sehen und nutzen

Mias Mutter ist völlig fertig. *Ihre zweijährige Tochter sagt nur noch „Nein!". Auf dem Spielplatz trifft sie eine gute Freundin, deren Kinder schon älter sind. Die Freundin versucht sie zu beruhigen. Das sei nur eine Phase, die vorübergehe. Und außerdem sei es doch schön, wenn die Kinder sich lösen, wie eine Mini-Pubertät. Du hast gut reden, denkt Mias Mutter. Ich habe ja den täglichen Ärger mit Mia. Du bist da schon durch. Dann fragt sie: „Wie hast du das eigentlich gemeistert ohne auszuflippen?" Die Freundin antwortet: „Ganz einfach. Ich habe meine Kinder wahrgenommen und ernst genommen. Das tat uns allen gut."*

Es gibt keine Trotzphase. Ja, Sie haben richtig gelesen. Der Begriff ist falsch und hängt genau mit dem Problem zusammen, das im vergangenen Kapitel beschrieben wurde. Die Kinder werden mit diesem Begriff abgestempelt. Es wird *über* sie gesprochen und diskutiert. Außerdem sind die Wörter „Trotzphase" oder „Trotzalter" ein Garant für elterliche Aufmerksamkeit, zum Beispiel in einem Buch, einer Zeitschrift oder einem Internet-Forum. Dort kommunizieren Eltern unter sich, obwohl es doch um die Kinder geht. Die Einzigen, die trotzig werden, sind in Wahrheit die Eltern. Plötzlich ist das Kind nicht mehr nur Empfänger von Aufmerksamkeit und Liebe, sondern entwickelt einen eigenen Willen. Damit kommen die Eltern nicht gut zurecht.

Jesper Juul schreibt treffend in einer Kolumne für den *Standard*: „Kinder haben kein Trotzalter. Es ist eine natürliche Entwicklung, dass sich das zwei- bis dreijährige Kind aus der kompletten Abhängigkeit von den Eltern zu einem teilweise unabhängigen Individuum entwickelt." Statt Trotzalter empfiehlt es sich, von Ichwerdungs-Alter, Beginn der Selbstwirksamkeit, Selbstständigkeitsphase oder Pubertät im Kleinkindalter zu sprechen. Worte wirken. Und „Selbstwirksamkeit" oder „Selbstständigkeit" haben eine positive Wirkung. Wir Eltern müssen uns entsprechend umstellen. Die Familienkommunikation beginnt jetzt auf allen Ebenen – verbal und nonverbal – und sie hat schöne und auch anstrengende Seiten.

Die Autonomiephase stellt Eltern auf eine harte Probe, denn sie provoziert manchmal auch bei ihnen Wut und Ohnmacht.

„Lass mich, ich kann das alleine!"

Der Familienalltag beginnt häufig schon morgens mit Stress. Die Uhr tickt, die Arbeit und der Kindergarten warten. Und der Pulli oder das Kleid sind noch nicht angezogen. Schnell wird dem Kind beim Anziehen geholfen, obwohl es dies alleine machen will. Ein klassischer Ablauf:

Mutter: *„Sarah, zieh bitte das rote Kleid an. Es ist etwas kühl heute."*
Sarah nimmt das rote Kleid und beginnt sich anzuziehen.
Mutter: *„Komm, wir müssen los. Der Bus fährt gleich. Ich helfe dir."*
Sarah (laut): *„Nein, lass mich! Ich will das alleine machen!"*
Mutter: *„Das geht nicht. Du kannst es noch nicht. Das siehst du doch."*
Sarah (lauter): *„Doch, lass mich!"*

Mutter (laut): „*Nein, wir müssen los. Stell dich nicht so an!*"

Sarah (weinend): „*Aua, das kratzt. Du tust mir weh.*"

Mutter (genervt): „*Wenn du dich nicht so anstellen würdest, wären wir schon fertig. Immer das gleiche Theater am Morgen. Nun sei doch mal vernünftig!*"

Und so beginnt der Tag mit Frustration. Sarah ist frustriert, weil ihr natürlicher Drang und ihr Wille zur Selbstwirksamkeit beschnitten werden. Sie darf das Kleid nicht alleine anziehen und die unerwünschte Hilfe der Mutter macht sie noch hilfloser. Die Botschaft lautet: Du machst es nicht richtig (in diesem Fall, schnell genug), also lass dir von mir helfen. Außerdem bist du (Sarah) falsch (nicht vernünftig). Da kann man als Kind nur noch weinen oder schreien.

Selbstständigkeit unterstützen

Sarahs Mutter geht es auch nicht gut. Sie sieht den Drang und Wunsch ihrer Tochter, sich alleine anzuziehen. Intuitiv wissen wir Eltern, dass dies ein natürlicher und wichtiger Entwicklungsschritt ist. Es ist gesundes Wachstum. Doch leider kollidiert diese kindliche Entwicklung mit den Alltagszwängen von uns Erwachsenen. Busfahrpläne, Bringzeiten und Arbeitsbeginn orientieren sich nicht an den Bedürfnissen der Kinder. Also macht Sarahs Mutter Druck und greift ein. Das ist für sie frustrierend, weil sie wissentlich gegen den Wunsch ihrer Tochter handelt. Als Mutter tut ihr das weh. Eine alternative Kommunikation könnte wie folgt laufen:

Mutter: „*Sarah, zieh bitte das rote Kleid an. Es ist etwas kühl heute.*"

Sarah nimmt das rote Kleid und beginnt sich anzuziehen.

Mutter: „*Heute sind wir spät dran. Der Bus fährt gleich. Ich helfe dir.*"

Sarah (laut): „*Nein, lass mich! Ich will das alleine machen!*"

Mutter: „*Das geht heute leider nicht.*"

Sarah (lauter): „*Doch, lass mich!*"

Mutter: „*Ich sehe, dass du es selber machen möchtest. Doch heute geht es nicht, sonst kommen wir zu spät.*"

Sarah (den Tränen nahe): „*Aua, das kratzt. Du tust mir weh.*"

Mutter: „*Oh, das tut mir leid. Das wollte ich nicht. Wo genau kratzt das Kleid? Da passe ich jetzt auf.*"

Sarah und Mutter sitzen im Bus.

Mutter: „*Sarah, morgen plane ich mehr Zeit ein, damit du dich selber anziehen kannst. Ich freue mich, dass du das jetzt willst und lernst.*"

Auch hier ist Sarah frustriert. Doch sie wird von ihrer Mutter gesehen und ihr Wille zur Selbstständigkeit wird anerkannt. Außerdem wird sie nicht als unvernünftiges Kind abgestempelt. Und ihre Mutter übernimmt die Verantwortung. Sie hat gemerkt, dass der morgendliche Ablauf verändert werden muss, damit er der Entwicklung von Sarah entspricht. Das hat sie Sarah mitgeteilt. So wurde der Dialog zu einer gesunden Mutter-Tochter-Kommunikation.

Ein Feuerwerk an Neins

Wenn Zwei- oder Dreijährige dauernd Nein sagen, ist das eine Liebeserklärung an die Eltern. Das Kind fühlt sich bei Vater und Mutter so sicher, dass es anfängt auszuprobieren, was passiert, wenn es Nein sagt. Wo kann es das besser versuchen als bei seinen wichtigsten Bezugspersonen?

Mathias Voelchert, Gründer und Leiter von *familylab.de – die familienwerkstatt,* sagt zu der Frage, wie man mit dem kindlichen Nein umgehen kann: „Es geht darum, dass das Kind ausprobiert, was passiert, wenn es Nein sagt. Es fängt an, sich abzulösen von den Eltern. Wichtig ist jetzt, das Kind ernst zu nehmen, weniger das Nein."

Konkret gesagt: Nehmen Sie das Nein nicht persönlich. Es ist kein Angriff auf Sie als Mutter oder Vater, sondern eine Abgrenzung und Willenserklärung des Kindes. Das ist von der Natur so vorgesehen. Es ist ein Entwicklungsschritt, der notwendig ist, um später in wirklich wichtigen oder kritischen Lebenssituationen Nein sagen zu können.

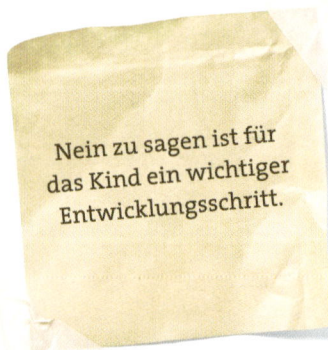

Nein zu sagen ist für das Kind ein wichtiger Entwicklungsschritt.

Ein Nein ist immer eine Abgrenzung. Kinder lernen, ihre eigenen Grenzen zu ziehen und dies auch zu äußern. Am Anfang nur durch Körpersprache. Wenn das Baby den Kopf von der mütterlichen Brust wegdreht, dann will es nicht mehr trinken. Es ist satt. Oder überhaupt erst gar nicht hungrig. Es sagt auf seine Art und Weise Nein. Mit dem Spracherwerb können die Kinder endlich richtig Nein sagen. Und alles, was neu ist, wird ausprobiert. Also gibt es ein Feuerwerk an Neins.

Da müssen wir Eltern durch. Die erste gute Nachricht: Es ist eine Phase. Die zweite gute Nachricht: Wir können diese Phase aktiv unterstützen und bei der Ichwerdung des Kindes helfen. Die dritte, eventuell nicht so gute Nachricht: Es kostet uns Aufmerksamkeit, Achtsamkeit und Geduld.

Wenn Ihr Kind Nein sagt, dann nehmen Sie es ernst. Fragen Sie nach, wieso es etwas nicht will, was es stört oder was es anders haben möchte. Und vergessen Sie dabei nicht: Ihr Kind kann nicht immer sofort antworten. Es braucht manchmal Zeit, um eine Antwort zu bilden. Es muss mit sich in einen inneren Dialog treten, um zu fühlen, was los ist. Das Kind besitzt noch nicht dieselbe Reflexionsfähigkeit wie wir Erwachsenen. Sie wird in solchen Situationen trainiert.

> Vater: *„Komm Robert, wir gehen jetzt einkaufen."*
>
> Robert: *„Nein, ich will nicht!"*
>
> Vater: *„Okay, ich sehe, dass du nicht willst. Ich muss aber noch einkaufen, damit wir zu essen haben. Denk noch einmal darüber nach."*
>
> Der Vater lässt zwei bis drei Minuten verstreichen.
>
> Vater: *„Ich gehe jetzt. Wie sieht es bei dir aus? Komm mit, denn du kannst nicht alleine zu Hause bleiben."*
>
> Robert (kommt): *„Ich will aber nicht. Ich will weitermalen."*
>
> Vater: *„Ich verstehe, dass das jetzt blöd für dich ist. Doch nach dem Einkaufen kannst du weitermalen, während ich die Pizza mache."*

Sprechen Sie mit Ihrem Kind über seine Gefühle und Wünsche. So lernt es, diese wahrzunehmen und auszudrücken.

Wichtig bei diesem Vater-Sohn-Gespräch ist:

- Eine klare und genaue Ansage des Vaters, der Robert mitteilt: „Wir gehen einkaufen." Und nicht nur: „Wir gehen jetzt los."
- Als Robert Nein sagt, versucht sein Vater nicht sofort, ihn zu überstimmen oder mit Versprechungen (Schokolade) zu locken.
- Die kurze Bedenkzeit gibt Robert die Chance, in einen inneren Dialog zu treten. Erfahrungsgemäß kommen Kinder dann mit. Denn sie wollen und können nicht alleine zu Hause bleiben.
- Der Vater besteht nicht darauf, dass Robert mit freudigem Gesicht mitkommt. Er darf es blöd finden. Dadurch erfährt Robert, dass sein Gefühl und damit er als Person okay ist.

Kommunikation in der Ichwerdungs-Phase

- Nehmen Sie Ihr Kind ernst. Was steckt hinter dem „Ich will …" oder dem „Nein"?
- Helfen Sie Ihrem Kind, seinen Willen und seine Grenzen auszudrücken. Formulieren Sie, was sie wahrnehmen oder vermuten: „Ich merke, dass du es sehr blöd findest, dass wir jetzt gehen müssen. Wolltest du noch etwas Bestimmtes machen?"
- Hoffen Sie nicht auf Verständnis. Und versuchen Sie nicht, sich kindliches Wohlwollen durch Gummibärchen oder ähnliches zu erkaufen. Ihr Kind darf frustriert sein. Auch Wut und Trauer sind normale Gefühle in einer solchen Situation und verfliegen auch wieder.

Das A und O: ein liebevoller Kontakt zum Kind

4

Jetzt kommt eine Ansage

Die Kunst, Klartext zu sprechen

Auf dem Weg zum Reitunterricht *fliegen zwischen den Schwestern Elsa (6) und Emma (4) auf der Rückbank die Fetzen. Der Vater ermahnt die Mädchen mit freundlicher Stimme: „Bitte hört auf euch zu streiten. Es lenkt mich ab. Fast wäre ich bei Rot über die Ampel gefahren." Keine Wirkung. Schon etwas genervter sagt der Vater: „Wenn ihr so weitermacht, baue ich noch einen Unfall!" Immer noch keine Wirkung. Dann spricht er mit klarer, lauter Stimme: „Das ist mein Auto. Ich will, dass ihr mit dem Krach aufhört. Es nervt mich!" Sofortige Ruhe.*

Die *Konrad-Adenauer-Stiftung* hat die Erziehungsstile in Deutschland untersuchen lassen. Das positive Fazit: Der „Befehlshaushalt" als Familienmodell hat eindeutig zugunsten des „Verhandlungshaushaltes" abgedankt. Die rein autoritäre Erziehung der Nachkriegszeit basierend auf Gehorsam, Strafe und Zwang gehört der Vergangenheit an. Der antiautoritäre Gegenentwurf der 68er-Bewegung wollte, dass sich Kinder frei von jeder Autorität entwickeln können. Überspitzt formuliert: Alles ist erlaubt!

Beide Erziehungsstile werden den Bedürfnissen und der Entwicklung von Kindern nicht gerecht. Während autoritäre Kommunikation jegliche Gleichwürdigkeit zwischen Eltern und Kind vermissen lässt, führt die antiautoritäre Kommunikation häufig zur Aufgabe der elterlichen Verantwortung. Wir wissen, dass Kinder als sehr soziale Wesen geboren werden. Sie haben die Gabe und gleichzeitig das Schicksal, sich mit ihren Eltern zu arrangieren. Jesper Juul hat diesem Phänomen ein ganzes Buch mit dem Titel *Dein kompetentes Kind* gewidmet. Eine wichtige Botschaft darin lautet, dass Kinder „kooperieren". Voraussetzung dafür ist jedoch, dass kindliche Grenzen gesehen und geachtet werden. Und dass Eltern klar und respektvoll sagen, was sie wollen oder erwarten.

> Grenzenlose Freiheit lässt Kinder allein. Sie wollen spüren, dass ihre Eltern wissen, wo es langgeht.

So formulieren Sie klar und deutlich, ohne zu verletzen

- Werden Sie sich klar darüber, was Sie wollen. Ist Ihr Wunsch verhandelbar?
- Sagen Sie einfach „Ich will …" oder „Ich will nicht …"
- Fassen Sie sich kurz; zwei Sätze genügen.
- Nehmen Sie Blick- und Körperkontakt auf; wenn möglich, begeben Sie sich auf Augenhöhe des Kindes.
- Vermeiden Sie den Konjunktiv und Wörter wie „vielleicht", „eventuell" oder „möglicherweise".
- Vermeiden Sie Du-Botschaften („Du hast …" oder „Du bist …") und das Wort „immer".
- Erwarten Sie keine Freude, Begeisterung oder Einsicht. Ihr Kind wird enttäuscht sein, das gehört dazu!

Unklare Kommunikation strengt an

Max und Lara besuchen mit ihren Eltern eine Pizzeria. Die Situation eröffnet verschiedenen Kommunikationsvarianten.
Variante 1:

> Max: *„Ich sitze hier!"*
>
> Lara: *„Und ich hier!"*
>
> Mutter: *„Nein Lara, warte mal. Es wäre besser, wenn du dich gegenüber von Max setzt. Dann kann der Papa dir besser beim Pizza Schneiden helfen.*
>
> Lara: *„Ich will aber neben Max sitzen!"*
>
> Vater: *„Ach komm, Lara, bitte. Setz dich zu mir."*
>
> Lara (laut): *„Nein!"*
>
> Mutter: *„Nicht so laut, wir sind nicht alleine hier. Max, magst du dich zu Papa setzen, dann kann Lara neben mir sitzen?"*
>
> Max: *„Nö, ich war zuerst hier."*
>
> Mutter: *„Bitte Max, stell dich nicht so an."*
>
> Lara: *„Ich will Pizza mit Salami."*
>
> Vater: *„Jetzt setzen wir uns erst mal alle hin und dann bestellen wir."*
>
> Mutter: *„Max, bitte!"*
>
> Max (weinerlich): *„Immer muss ich nachgeben. Ich will nicht."*
>
> Vater: *„Das stimmt doch gar nicht! Und nun komm halt rüber."*
>
> Max wechselt den Platz, unter Tränen.
>
> Mutter: *„Also mir ist die Lust schon wieder vergangen. Immer dieses Theater. Mit euch kann man einfach nicht essen gehen."*

Kommt Ihnen das bekannt vor? Ein typischer Ablauf, wenn Eltern klare Ansagen vermissen lassen und hoffen, dass die Kinder spüren und erahnen, was ihre Eltern wollen.

Klare Botschaften reduzieren Streit.

Was will ich erreichen?

Variante 2:

> Max: *„Ich sitze hier!"*
>
> Lara: *„Und ich hier!"*
>
> Mutter: *„Nein Lara, warte mal. Ich will, dass du dich neben Papa setzt."*
>
> Lara: *„Ich will aber neben Max sitzen!"*
>
> Vater: *„Lara, ich will dass du hier sitzt."*
>
> Lara (laut): *„Nein!"*

ICH WILL, DASS DU JETZT AUFRÄUMST.

Vater: *„Wieso nicht?"*
Lara: *„Weil ich auch auf der Bank sitzen will."*
Vater: *„Okay, nächstes Mal sitzt du auf der Bank, heute Max."*

Kommt Ihnen das unrealistisch vor? Das hängt davon ab, wie Sie bisher in Ihrer Familie kommuniziert haben. Wenn bei Ihnen die erste Variante üblich war, dann wird die zweite Variante mit klaren Botschaften nicht sofort wirken. Sie müssen erst üben und trainieren. Das Geheimnis ist, dass Sie sich als Elternteil bewusst werden, was Sie wollen. Wenn Sie eine klare und nicht verhandelbare Sitzordnung im Kopf haben, dann reichen Sätze wie „Ich will, dass du dort sitzt". Punkt. Wenn es Ihnen egal ist und Sie die Kinder wählen lassen wollen, dann handelt es sich um ein offenes Gespräch, eingeleitet mit: „Wo wollt ihr sitzen?"

Klare Ansagen, ohne zu verletzen

Elterliche Führung und Vorgaben stoßen nicht immer auf kindliche Begeisterung. Das ist normal. Doch sie bieten Orientierung, Sicherheit und Struktur im Leben der Kinder. Für eine Ansage wie in dem Pizzeria-Beispiel brauchen Sie nur zwei Sätze:
1. „Ich will, dass du hier sitzt."
2. „Weil ich dir so die Pizza besser schneiden kann."
Voraussetzung ist natürlich, dass Sie die Worte „ich will" beziehungsweise „ich will nicht" überhaupt über die Lippen bringen. Einige Eltern tun sich hier schwer. Typische Einwände sind: „Das klingt zu hart.", „Ich muss es meinem Kind doch erklären.", oder: „Ich wünsche mir, dass meine Tochter es von alleine merkt." Was für Sie hart klingen mag, klingt für das Kind klar. Es weiß, woran es ist, und kann sich

Zutaten für einen gleichberechtigten Familiendialog

- Ein Dialog hat immer ein offenes Ende. Der Ausgang ist ungewiss.
- Eltern und Kinder werden gefragt und dürfen ihre Meinung sagen, aber niemand muss.
- Die Spielregeln (ausreden lassen und zuhören) sind klar und gelten für alle.
- Schaffen Sie Klarheit: Will ich als Elternteil nur die kindliche Meinung hören, um dann zu entscheiden, oder darf mein Kind selbst entscheiden?
- Achten Sie auf das Setting: Ist es eine Familienkonferenz am Esstisch oder ein spontaner Dialog mit Entscheidungsdruck an der Supermarktkasse?

jetzt positionieren. Entweder es folgt Ihnen – freudig oder missmutig – oder es geht auf die Barrikaden. Wichtig ist, dass Ihr Kind das darf. Denn es ist womöglich enttäuscht. Es ging davon aus, dass es den Platz selbst wählen dürfe. Dass ihm dieser Wunsch versagt wird, bedeutet jedoch noch keine Verletzung der kindlichen Würde. Die passiert erst, wenn Sie Ihre Aussage mit Sätzen wie diesen garnieren: „Nun stell dich nicht schon wieder so an" oder „Immer das gleiche Theater".

> Stellen Sie nur Fragen, wenn Ihr Kind wirklich eine Wahl hat.

Gespräch mit offenem Ausgang

Die Alternative zur klaren Ansage ist das Gespräch. Damit es funktioniert, bedarf es einer ehrlichen und offenen Haltung aller Beteiligten. Bei unserem Pizza-Beispiel könnte es so verlaufen:

Mutter: „Wir nehmen den hinteren Tisch. Wer möchte wo sitzen?"

Max: „Ich sitze auf der Bank."

Lara: „Ich will neben Max sitzen."

Vater: „Ist das günstig? Ich kann Laras Pizza besser schneiden, wenn sie neben mir sitzt."

Mutter: „Ja, das stimmt. Lara, soll Papa dir bei der Pizza helfen? Dann setz dich lieber auf den Stuhl neben ihn. Oder willst du heute einmal die Pizza ganz alleine meistern?"

Lara: „Alleine und auf der Bank."

Mutter: „Okay, dann probiere es aus. Wenn es nicht klappt, können wir uns noch umsetzen."

Dieser kurze Dialog enthält viele gleichberechtigte Aspekte. Zuerst kommt eine mütterliche Entscheidung: „Wir nehmen den hinteren Tisch" kombiniert mit einer Dialogeröffnung „Wer möchte wo sitzen?" Nach den kindlichen Antworten folgt ein väterlicher Einwand, der für alle hörbar und offen ausgesprochen wird. Hier hätte das Familiengespräch kippen können, indem die kindlichen Wünsche einfach beiseitegeschoben werden. Die Kinder hätten die Erfahrung gemacht: Erst fragen sie uns und dann bestimmen sie doch selbst. Stattdessen nimmt die Mutter den Einwand auf, stellt ihn zur Diskussion und bietet zwei Optionen zur Wahl an. Zudem zeigt sie elterliche Voraussicht. Lara kann, ohne ihr Gesicht zu verlieren, sich doch noch neben den Vater setzen. Verkaufen Sie elterliche Ansagen nicht als gemeinsame Entscheidung. Diese Lüge wird von den Kindern sofort durchschaut.

In Gesprächen zeigen wir Kindern unsere Zuneigung

Das ewige Diskutieren raubt mir den Nerv

5

Kindliche Kommunikation verstehen und in Ruhe meistern

Charlotte (4) und ihre Mutter kommen vom Einkaufen zurück. *Im Treppenhaus will Charlotte plötzlich auf den Arm.*

Mutter: „ Ich kann jetzt nicht. Das siehst du doch. Ich habe die Tragetaschen in der Hand."

Charlotte: „Dann stell sie doch ab."

Mutter: „Das geht nicht. Da ist das Eis drin, was dann schmilzt."

Charlotte: „Will auf den Arm."

Mutter: „Komm jetzt, noch ein Absatz."

Charlotte: „Nein, ich will nicht."

Mutter: „Ach Mann, muss das immer so schwierig sein? Wenn das Eis schmilzt, dann haben wir keinen Nachtisch."

Charlotte: „Mir egal. Ich kann nicht mehr. Mir tun die Beine weh."

Die Mutter geht weiter und Charlotte bleibt weinend im Treppenhaus zurück. Da öffnet die Nachbarin die Tür: „Hat die Mami dich einfach sitzen lassen?"

Betrunkene und Kinder sagen immer die Wahrheit. Ob dieser Spruch stimmt, darüber lässt sich streiten. Doch eine Tatsache ist interessant: Alkohol enthemmt und lässt Gefühlsäußerungen schneller und wuchtiger zu. Kinder brauchen dafür keinen Alkohol. Sie sind noch sehr nah verbunden mit ihrer Gefühlswelt. Wenn sie sich in ihrem Umfeld sicher fühlen, dann äußern sie ihre Emotionen direkt und ungeschminkt – ein wahres Geschenk für uns Eltern!

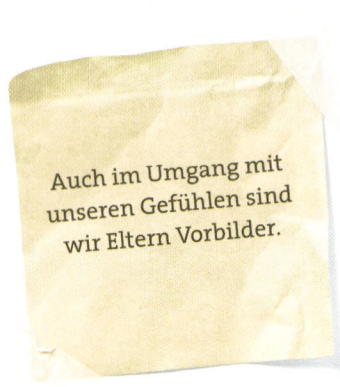

Auch im Umgang mit unseren Gefühlen sind wir Eltern Vorbilder.

Kinder kommunizieren direkt, ehrlich und impulsiv. Das kann herausfordernd sein. Gleichzeitig ist es eine große Chance, unsere eigene Kommunikation auf den Prüfstand zu stellen. Kinder lernen von Mutter und Vater, wie zwischenmenschliche Gespräche funktionieren, wie man seinen Willen äußert, wie man Liebe zeigt (verbal und mit Körpersprache), wie man Wut und Trauer äußert. Sie sind der Spiegel für die Art und Weise, wie innerhalb der Familie Beziehung gelebt wird.

Wenn Sie genervt und verunsichert sind von der Art und Weise, wie Ihr Kind mit Ihnen spricht (oder schweigt), dann stellen Sie sich die Frage: Was kann ich ändern, damit mein Kind eine andere Sprache findet? Es ergibt keinen Sinn, die nachahmenden Kinder ändern zu wollen. Der Schlüssel liegt bei uns Eltern – den Vorbildern.

Entwicklung der kindlichen Kommunikation

Das kindliche Kommunikationsvermögen wächst und entwickelt sich mit dem Kind. Das berühmte Babylächeln hat einen Suchtfaktor für Eltern und Großeltern. Hirnforscher haben die Ursache für den Erfolg der Baby-Charmeoffensive entdeckt: Fröhliche Kleinkinder aktivieren das Belohnungszentrum im elterlichen Hirn. Mütter und Väter baden in Dopamin – oft als Glückshormon bezeichnet. Gleichzeitig sind glückliche Eltern die beste Basis für eine gesunde Eltern-Kind-Beziehung. Es ist für ein Baby also sinnvoll, das Leben mit einem Lächeln zu beginnen.

Erwachsene sprechen gerne in der sogenannten Babysprache: „Schau, hier ist die Mama", gesprochen mit zuckersüßer Stimme und ausdrucksstarker Mimik. Das Baby reagiert und lernt. Mit der Babysprache machen Sie nichts falsch, solange ihr Kind ein Baby ist.

Ab dem 6. Lebensmonat setzt das Sprachverständnis des Kindes ein und ab dem 9. Monat versteht und verwendet Ihr Kind Gesten wie Tschüss-Winken oder Kopfnicken.

Und dann kommt mit schnellen Schritten die Ichwerdungs-Phase Ihres Kindes. Rund um das 2. Lebensjahr geht es los. Das „Ich will" kombiniert mit Wut im Gesicht oder das ewige „Warum?" mit Neugierde im Blick leiten eine neue Kommunikations-Ära ein. Jetzt ist es Ihre Aufgabe als Mutter oder Vater, den Rahmen und die Atmosphäre zu bestimmen. Nicht per Verordnung, sondern durch aktives Vorleben, also Vorsprechen.

Ursachen kindlicher Diskussionslust

Wenn Kinder anfangen, mit ihren Eltern zu diskutieren, kann dahinter kindliche Neugierde stecken („Wie funktioniert die Welt?"), oder auch ein Machtgerangel zwischen Kind und Eltern („Ich will und kann schon mehr, als du mir zutraust."). Das Wort Macht löst bei Müttern und Vätern oft ungute Gefühle aus. Die Zeit von Befehl und Gehorsam ist in den Familien Gott sei Dank vorbei. Doch dass Eltern Macht über ihre Kindern haben, nicht. Die Frage ist nur, wie wir diese Macht an- und wahrnehmen. Geschieht das bewusst und verantwortungsvoll? Oder lehnen wir die Macht ab, bis dahin, dass die Kinder Macht über die Eltern erlangen?

Kinder brauchen und wollen Eltern, die verantwortungsvoll mit der Macht umgehen. Das gibt ihnen einen verlässlichen, stabilen und sicheren Rahmen, in dem sie sich entwickeln können. Wichtig ist, dass die Eltern diesen Rahmen flexibel erweitern und spätestens mit der Pubertät ihre Machtposition aufgegeben.

> Kinder lernen Schritt für Schritt, mehr Verantwortung zu übernehmen. Geben Sie ihm die Gelegenheit dazu.

Je mehr Eltern die persönliche Verantwortung ihrer Kleinkinder und Kinder respektieren, umso weniger fruchtlose oder nervige Diskussionen finden im Familienalltag statt. Jesper Juul listet in seinem Buch *Dein kompetentes Kind* folgende Punkte auf, in denen Kinder von Geburt an Verantwortung übernehmen können:

- eigene Sinneswahrnehmungen: Geschmack, Geruch, Kälte- und Wärmeempfinden
- eigene Gefühlswelten: Freude, Angst, Trauer, Wut, Ekel
- eigene Bedürfnisse: Hunger, Durst, Schlaf, Nähe, Distanz

Die Diskussion, ob der Spinat schmeckt oder nicht, erübrigt sich sofort, wenn Sie Ihrem Kind das Recht auf einen eigenen Geschmack zugestehen. Statt „Komm, iss das, das ist gesund" und entsprechende Gegenwehr oder widerwilliges Runterschlucken, können Sie einfach sagen: „Oh, gut dass ich jetzt weiß, dass dir Spinat nicht schmeckt. Magst du trotzdem ein bisschen davon essen, da ich gerade nichts anderes Warmes habe? Oder ist es so schlimm, dass du lieber einen Apfel möchtest?"

Wenn Kinder nicht erzählen

Immer wieder klagen Eltern darüber, dass Kinder ihnen so wenig erzählen. Zum Beispiel in dieser Situation:

Mutter: *„Wie war es denn heute?"*

Anna (stumm)

Mutter: *„Hallo, Anna! Ich rede mit dir!"*

Anna: *„Gut."*

Mutter: *„Ja, wie gut? Erzähl doch mal."*

Anna (stumm)

Mutter: *„Wieso sprichst du nicht mit mir?"*

Anna: *„Ich habe Hunger."*

Mutter: *„Dann sag das doch gleich. Also ehrlich, alles muss ich dir aus der Nase ziehen."*

Das Gespräch ist für beide Seiten eine nervige Angelegenheit. Wenn Kinder nichts erzählen möchten, ist das für Eltern häufig ein Rätsel. Dasselbe gilt übrigens auch für Paare untereinander: Warum erzählt mein Mann nichts von der Arbeit? Wieso interessiert er sich nicht für meinen Tag? Die Ursachen sind vielschichtig und individuell. Achten Sie auf die Stimmung: Ist Ihr Kind erschöpft vom Kita-Tag? Dann möchte es nicht viel erzählen, sondern die Eindrücke verdauen. Oder fragen Sie mit zu viel Nachdruck? Keiner – weder ein Kind noch ein Erwachsener – wird gern verhört. Oder hören Sie nicht gut zu? Auch dann hat Ihr Gegenüber keine Lust, etwas zu erzählen, insbesondere, wenn Sie nur mit halbem Ohr zuhören und am Ende nichts verstanden haben.

Kinder erzählen am ehesten etwas von sich, wenn eine gute und zugewandte Stimmung herrscht. Das bedeutet:

> Wenn Kinder nichts erzählen wollen, liegt das manchmal auch an der Art, wie wir ihnen zuhören.

Das 1x1 der Eltern-Kind-Diskussion

- Diskussionen sind immer auch eine Form der Kontaktaufnahme. Reden Sie nicht über, sondern mit Ihrem Kind.

- Überprüfen Sie, ob der Anlass wirklich einer Diskussion bedarf. Oft reicht loslassen, also akzeptieren, dass Ihr Kind eine eigene Wahrnehmung und eigene Gefühle hat.

- Seien Sie Vorbild, indem Sie persönlich und ehrlich in Ich-Botschaften kommunizieren.

- Ihr Kind ist wichtiger als Ihr Smartphone. Schalten Sie diesen Kommunikationskiller aus, wenn Sie wirklich Kontakt zu Ihrem Kind wollen.

nicht im Auto, auf dem Fahrrad oder in der U-Bahn, sondern am Abendbrottisch. Erzählen Sie von sich und Ihren Erlebnissen und fragen Sie dann, was Ihr Kind erlebt hat. Wählen Sie also statt eines „Verhör-Modus" einen „Erzähl- und Gesprächs-Modus". Dann gibt es einen Austausch und ein Gespräch – von Eltern zu Kind und umgekehrt.

Elterliche Kommunikationskiller

Kinder haben einen natürlichen Drang zu erzählen und Erlebtes zu verarbeiten. Der Dialog mit den Eltern ist also auch immer ein Lernprozess, bei dem Kinder sich in der äußeren und inneren Welt spüren und orientieren. Manchmal haben Kinder jedoch keine Chance, ihre Ängste, Eindrücke, Freuden oder Sorgen mitzuteilen. Hochaktuell ist die Ablenkung durch Smartphones. Jesper Juul spricht in diesem Zusammenhang sogar von einem neuen Familienmitglied, welches alle Aufmerksamkeit auf sich zieht. Die klare Empfehlung ist: Machen Sie Ihr Smartphone aus, wenn Sie mit Ihrem Kind sprechen. Denn wenn eine WhatsApp-Nachricht wichtiger ist als die Worte Ihres Kindes, wird es irgendwann verstummen. Dasselbe gilt für generelles Nicht-Zuhören. Das Kind bekommt die Botschaft: Ich interessiere mich nicht für dich; du bist nicht wichtig. Als Selbstschutz schweigt das Kind dann. Kommunikationskiller schleichen sich oft unbemerkt in den Familienalltag ein. Eltern tragen die Verantwortung, diese zu identifizieren und für eine aufmerksame Gesprächsatmosphäre zu sorgen.

Mit Humor geht vieles leichter

6

„Blöde Mama, lass mich!"

Negative Botschaften und Schimpfwörter gelassen nehmen

Anton (4) spielt mit seinen Freunden Fußball *auf der Wiese im Park. Antons Mutter möchte los. „Komm, Anton, ich will jetzt noch einkaufen!", ruft sie ihrem ballverliebten Jungen zu. Anton reagiert nicht und ist ganz ins Spiel versunken. „Anton, auf geht´s!", schallt es schon genervter über die Wiese. „Nein, noch nicht", lautet die kurze Antwort.*

Die Mutter geht auf die Wiese, greift sich Anton und zieht ihn an den Spielrand: „Wir gehen jetzt!" Anton wehrt sich und ruft für alle hörbar: „Du blöde Mama, lass mich!" Andere Eltern drehen bereits den Kopf in Richtung Anton und seiner Mutter. Peinlich berührt versucht Antons Mutter, die Situation mit einem Machtwort zu beenden: „Es reicht, so sprichst du nicht mit mir!" Anton antwortet sofort schreiend und weinend: „Blöde Kack-Mama!"

Wenn Sie nach „Schimpfwörter" und „Kind" im Internet suchen, finden Sie zahlreiche Artikel, Blog- und Forenbeiträge über den Umgang mit einem schimpfenden Kind. Häufig in Verbindung mit den Wörtern „Pups", „Kacka" und „Scheiße" – die sogenannte analverbale Phase des Kindes. Die gute Nachricht ist: Sie sind nicht allein. Die herausfordernde Nachricht: Sie dürfen Ihren eigenen Weg finden, damit umzugehen. Ein Tipp zieht sich durch alle Beiträge und Expertenratschläge: Bleiben Sie gelassen.

Unsere innere Haltung bestimmt maßgeblich unseren Umgang mit unangebrachten Wörtern und Formulierungen. Nehmen Sie diese bei einem Kleinkind nicht persönlich! Es kennt eventuell gerade keinen anderen Weg sich auszudrücken. Oder es probiert ein neues Wort bei Ihnen aus, das es im Kindergarten gehört hat. In seiner kindlichen Neugier fragt es sich zum Beispiel: Reagiert Mama auch so aufgebracht, wenn ich „Kuhkacka" zum Spinat sage, wie die Köchin in der Kita?

Schimpfwörter sind für Kinder sehr faszinierend.

Vielleicht ist das Kind auch ein Spiegelbild Ihrer selbst? Wenn Sie in der morgendlichen Rushhour alle anderen Verkehrsteilnehmer als „Idioten" und „Arschgeigen" bezeichnen, dann sind diese Wörter doch erlaubt, oder nicht? Bevor Sie Wörter generell verbieten, selbst anfangen zu schimpfen oder in einen Machtkampf einsteigen, überprüfen Sie die Motive. Meistens gelingt es dann, gelassen und klar zu reagieren. Hilfreich ist ein kurzer zeitlicher Abstand zwischen der verbalen Entgleisung Ihres Kindes und Ihrer Reaktion. Den schaffen Sie zum Beispiel durch dreimal tief Ein- und Ausatmen.

Schimpfwörter als Ausdruck von Frustration

Danielle Graf und Katja Seidel sind Mütter und Autorinnen des Bestsellers *Das gewünschteste Wunschkind aller Zeiten treibt mich in den Wahnsinn*. In ihrem Buch bieten sie eine wunderbare Übersetzungshilfe für Eltern von „blöde Mama" oder „Kack-Papa" an. Zum Beispiel für folgende Situation aus dem Familienalltag:

Lotta (4): *„Ich will fernsehen."*
Mutter: *„Nein, heute nicht mehr. Du gehst gleich ins Bett."*
Lotta: *„Blöde Mama, ich mag dich gar nicht!"*

Lotta (meint): *Ich habe dein Nein gehört und bin deswegen frustriert und wütend. Mein Wunsch geht nicht in Erfüllung, das ist blöd. Ich hätte viel lieber ein Ja von dir gehört. Natürlich liebe ich dich als Mama – ohne Frage!*

Mutter: „*Wenn ich eine blöde Mama bin, dann bist du eine blöde Tochter. Und Vorlesen fällt heute aus.*"

Lotta (hört): *Du bist ein blödes Kind und ich liebe dich nicht, wenn du so mit mir sprichst. Deshalb fällt das Vorlesen aus.*

Das ist keine gute Botschaft an Lotta. Kinder bis zum zehnten Lebensjahr lieben ihre Eltern bedingungslos. Auch wenn sie in der Wut Gegenteiliges sagen, bleibt die Kind-Eltern-Liebe unberührt. Gleichzeitig brauchen Kinder die bedingungslose Liebe von den Eltern. Häufig ist diese jedoch geknüpft an Wohlverhalten. Was Lotta braucht, ist Hilfe, um ihren Frust auszudrücken. Eventuell ist ihr Wortschatz noch nicht so groß, sodass es zur „blöden Mama" kommt. Die Mutter kann hier jedoch erwachsen reagieren.

Kinder müssen erst lernen, negative Gefühle angemessen auszudrücken.

Lotta (4): „*Ich will fernsehen.*"

Mutter: „*Nein, heute nicht mehr. Du gehst gleich ins Bett.*"

Lotta: „*Blöde Mama, ich mag dich gar nicht!*"

Mutter: „*Du bist wütend auf mich, weil ich Nein sage. Das kann ich verstehen. Das ist blöd für dich. Komm, ich lese dir dafür gerne noch was vor.*"

Lotta (hört): *Du bist wütend auf mein Nein. Das ist okay. Du bist okay.*

Notfallplan bei Schimpfwörtern

1. Überprüfen Sie die Motivation:

🌿 Ist es Frustration?

🌿 Ist es ein neu gelerntes Wort, das präsentiert wird?

🌿 Ist es ein Test, wo Ihre Grenze beginnt?

2. Reagieren Sie individuell und persönlich:

🌿 Bei Frustration: Übersetzen Sie die kindliche Gefühlswelt in passende Worte.

🌿 Bei einem neuen Wort: Hinterfragen Sie, ob Ihr Kind das Wort versteht und erklären Sie, wieso es unpassend ist.

🌿 Beim Grenztest: Ziehen Sie in persönlicher Sprache Ihre Grenze, zum Beispiel mit „Das will ich nicht hören".

3. Vergessen Sie nicht: Gelassenheit und Humor helfen häufig, Schimpfwort-Situationen zu entschärfen. Kümmern Sie sich um Ihre Gelassenheit und verlernen Sie das Lachen nicht.

Das Vermögen von Kleinkindern, Ärger, Enttäuschung und Frustration sprachlich auszudrücken, ist noch begrenzt. Eltern können helfen, indem sie die Gefühle der Kleinen in Worte fassen und ihnen signalisieren, dass diese Gefühle okay sind. Die Eltern-Kind-Liebe steht nicht auf dem Spiel, wenn das Kind frustriert ist. Diese Botschaft ist die beste Antwort auf ein „blöde Mama" oder „Scheiß-Papa".

Kindergarten als Quelle von Schimpfwörtern?

Nicht nur eine Erkältung jagt die nächste, sondern auch die Liste an Schimpfwörtern und Kraftausdrücken wächst immens, wenn Ihr Kind den Kindergarten besucht. Hier kommt es in Kontakt mit anderen Kindern und deren Familiensprachen. Bullerbü ist vorbei, willkommen in der Mitte der Gesellschaft! Und schon mal als Warnung: Der Schulhof wird sprachlich noch rauer.

Jetzt sind Sie als Familie gefragt: Welche Sprache pflegen wir untereinander? Wie wollen wir uns ausdrücken? Was geht und was geht nicht? Hier Klarheit zu schaffen, ist wichtig. Das ist Ihre Aufgabe als Mutter und Vater, denn Sie geben die Spielregeln vor. Ihr Kind lernt im Kindergarten zusätzlich neue Regeln kennen. Die können lockerer oder enger sein, je nach Ausrichtung und Konzept der Einrichtung.

Und Ihr Kind trifft auf andere Kinder, die sprachlich schon weiter sind oder anderen Regeln folgen. All diese Eindrücke und all das Gehörte nimmt Ihr Kind mit Neugier auf und probiert es aus. Eigentlich ist es ein Geschenk an Sie als Mutter oder Vater, wenn Ihr Kind die Formulierung „Du bist ein Arschgesicht" an Ihnen ausprobiert. Es traut sich, bei Ihnen, einer seiner wichtigsten Bezugspersonen, ein neues Wort anzuwenden. Sie sind sein Lernfeld in Sachen sozialer Umgang: Kann ich das sagen, oder nicht? Was passiert, wenn ich das sage? Ihre Antwort darauf kann lauten: „So will ich nicht genannt werden. Das finde ich unhöflich!" Wenn dann kommt: „Aber der Tom sagt das immer zu seiner Mutter", antworten Sie gelassen: „Das mag sein, doch bei mir geht das nicht." Sie können darauf vertrauen, dass Ihre Sprachregeln mehr Eindruck hinterlassen als die der Familie von Tom.

Die persönlichen Grenzen sind individuell: Manche Schimpfwörter ignorieren Sie, zu manchen beziehen Sie Stellung.

Ich selber habe folgende Situation erlebt, die mich zunächst sprachlos machte:

> Ich sitze am Abendbrottisch mit meinen Töchtern Elsa (9), Emma (7) und einem Schulfreund Philip (10).
>
> Philip (aus heiterem Himmel): *„Fick dich!"*
>
> Emma (laut): *„Papa, der hat ‚Fick dich' zu dir gesagt.*
>
> Alle Augen richten sich auf mich, den Papa. Wie reagiert er jetzt? Überhören war nicht mehr möglich, da Emma laut darauf hingewiesen hat.
>
> Ich (nach dreimal Durchatmen mit Blick zu Philip): *„Ich will hier bei uns solche Wörter nicht hören. Wie ihr bei euch zu Hause redet, ist mir egal."*

Den letzten Satz hätte ich mir sparen können. Die zentrale Botschaft steckte im ersten Satz: Ich will das nicht. Punkt.

Sprache entsteht in der Familie

Kinder lernen durch Vorbilder. Was sprachlich geht und was nicht, machen Eltern, Großeltern, befreundete Familien, Kita-Personal, Vereinstrainer und Lehrer vor. Jeder hat eigene Regeln. Die Verrohrung der Jugend und damit auch der Sprache wurde übrigens schon von den alten Griechen beklagt. Es hilft nichts, über das große Ganze zu schimpfen. Viel wirksamer ist es, sich die eigene Familiensprache im Alltag anzuschauen.

Wie reden wir miteinander? Wie drücken wir Ärger, Enttäuschung und Trauer verbal aus? Klein- und Kindergartenkinder orientieren sich an uns. Das eigene Kind „Scheiße sagt man nicht" zu lehren und gleichzeitig selber bei jedem Missgeschick „Scheiße" zu fluchen, funktioniert nicht. Darauf weisen uns sogar die Kinder hin: „Scheiße sagt man nicht!", hören wir dann. Die beste und ehrlichste Antwort darauf lautet: „Stimmt, das sage ich euch immer und halte mich selbst nicht daran. Das hast du gut beobachtet. Was könnte ich denn stattdessen sagen?" Und schon beginnt die phantasievolle Suche nach verträglichen Schimpfwörtern. Viel Spaß dabei, denn Humor hilft fast immer!

Ein Nein zu akzeptieren fällt Kindern oftmals schwer

Nein heißt nein

Grenzen definieren – entschieden und authentisch

Die Freunde Kai (4) und Elias (5) und ihre Eltern machen einen Ausflug an den See. *Beide Jungen können noch nicht schwimmen. Sie möchten auf den Steg gehen, von den Eltern will jedoch niemand mit. Kais Mutter erklärt: „Ihr könnt noch nicht schwimmen. Das ist viel zu gefährlich." Elias antwortet: „Wir passen auf, bestimmt." Die Mutter versucht es weiter: „Nein, das geht nicht. Es ist auch kein Bademeister da. Und außerdem ist es hier auf der Wiese auch schön, spielt doch Fußball." „Wir wollen aber auf den Steg!" Hilfe suchend schaut die Mutter in die elterliche Runde. Da sagt Elias' Vater: „Nein, ihr dürft nicht alleine auf den Steg. Ihr könnt nicht schwimmen und deshalb will ich das nicht. Punkt." „Mann, du bist ja brutal. Das kannst du doch so direkt nicht sagen", kommentiert Kais Mutter.*

Kinder brauchen Grenzen. Dieser Satz erntet fast überall Zustimmung, und doch ist er falsch. Kinder brauchen keine Grenzen. Kinder brauchen Eltern, die sich abgrenzen können – ein kleiner, sehr wichtiger Unterschied. Wenn Eltern ihre Grenzen klar formulieren, dann entstehen Regeln, die das Zusammenleben in der Familie ermöglichen. Und es entsteht ein Rahmen, der dem Kind Halt gibt und in dem es sich sicher bewegen kann. Wenn es verlässlich weiß, wie Mama und Papa reagieren, dann fühlt es sich geborgen und sicher.

Wichtig ist, dass Sie als Mutter oder Vater Ihre Grenzen im Einklang mit Ihrer Gefühlswelt und Ihren Werten ziehen. Es hilft niemanden in der Familie, willkürlich Grenzen oder Verbote auszusprechen. Diese hinterfragt das Kind ohnehin etwa ab dem dritten Lebensjahr (mit dem berühmt-berüchtigten „Warum?"), außerdem sind sie der Nährboden für Überschreitungen und Lügen. Grenzen wirken, wenn sie persönlich gezogen werden, in einer authentischen und klaren Sprache. Das Wort „Nein" spielt dabei eine entscheidende Rolle.

Keine Angst vor dem Nein

Jesper Juul hat ein ganzes Buch darüber geschrieben, es trägt den Titel *Nein aus Liebe. Klare Eltern – starke Kinder*. Es geht ihm dabei folglich nicht um Gehorsam, sondern darum, was ich als Mutter oder Vater brauche beziehungsweise nicht will. Läuft ein Kind zum Beispiel mit dem Smartphone der Mutter durch den Garten, kann diese deutlich eine Grenze ziehen: „Ich will nicht, dass du mit meinem Telefon spielst. Gib es mir." Das ist klarer, verständlicher und persönlicher als zu sagen: „Das Handy war teuer. Damit läuft man nicht einfach im Garten herum." Eine solche Formulierung verfehlt oft die erwünschte Wirkung. Dann muss erst eine verbale Eskalation folgen – „Hörst du nicht, was ich sage!" –, bis das Kind der Aufforderung nachkommt.

In diesem Sinne ist das Nein eine liebevolle Anweisung, denn ich zeige mich mit meinen wahren Absichten: Ich will mein Smartphone zurück. Einen ehrlicheren Kontakt zu meinem Kind kann ich kaum aufbauen. Ein aufrichtiges Nein oder Ja sind tragende Bausteine der Eltern-Kind-Beziehung. Es geht um die Wahrung der persönlichen

Üben Sie das Nein doch mal vor dem Spiegel. Achten Sie dabei auf Ihre Körperhaltung. Unterstützt diese, was Sie sagen wollen?

Integrität, sowohl des Kindes als auch der Eltern. In der Familie schwelt ein dauernder Konflikt zwischen Kooperation (ich folge) und Integrität (ich achte auf mich). Das Nein bedeutet somit ein Ja für die eigene Integrität.

Zwei Motivationen für das Nein

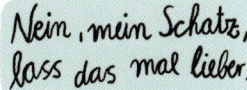

Eine weitere Situation, in der ein Elternteil ein klares Nein ausspricht:

> Klara (5): *„Ich will ein Smartphone haben."*
>
> Vater: *„Nein, das bekommst du noch nicht."*
>
> Klara: *„Warum? Annalena hat auch schon eins!"*
>
> Vater: *„Das mag sein, doch ich finde das zu früh."*
>
> Klara: *„Warum?"*
>
> Vater: *„Weil ein Smartphone sehr teuer ist und viele Sachen kann, die ich nicht kindgerecht finde."*
>
> Klara: *„Dann frage ich halt Mama."*
>
> Vater: *„Das kannst du gerne machen. Sie wird auch Nein sagen, denn hier sind wir einer Meinung."*

Der Dialog kann weitergehen. Der springende Punkt in der Szene ist, dass der Vater sein Nein reflektiert hat und es auf der Basis seiner Wertevorstellungen äußert. Gleichzeitig gibt er Klara Raum, ihren Wunsch zu begründen und ihn wegen des Neins blöd zu finden.

Es gibt viele Situationen in der Familie, in denen ein spontanes Nein ausgesprochen wird. Manchmal ist es auf die Schnelle nicht zu begründen, fühlt sich aber richtig an.

> Tim (6): *„Ich will alleine Autoscooter fahren."*
>
> Mutter: *„Nein, auf keinen Fall. Das ist viel zu gefährlich."*
>
> Tim: *„Bitte, Mama!"*
>
> Mutter: *„Nein, das will ich nicht. Ich kann dir gerade auch nicht erklären, warum. Aber ich habe Angst und will es einfach nicht."*

Tim kann und muss damit leben, dass seine Mutter Nein gesagt hat. Sie reagiert vielleicht irrational und sein Vater hätte das Autoscooterfahren eventuell erlaubt. So ist das Leben. Wichtig in dieser Szene ist, dass Tims Mutter nicht ausweicht, sondern ihre Angst benennt und zugibt, dass sie diese nicht begründen kann.

Sonderfall: Nein sagen zum Kleinkind

Wie sage ich Nein, wenn mein Kind noch nicht sprechen kann? Diese Frage beschäftigt viele Eltern. In ihrem Buch *Das gewünschteste Wunschkind aller Zeiten treibt mich in den Wahnsinn* beschreiben die Autorinnen Danielle Graf und Katja Seide die Perspektive eines Kleinkindes. Hier die Kurzfassung: Ich robbe in Richtung Steckdose und höre ein „Nein!" aus dem Mund meines Vaters. Er hätte auch „Stopp!" oder „Sonnenschein!" rufen können. Wichtig ist für mich der Tonfall in seiner Stimme. Die Bedeutung des Wortes „Nein" kenne ich nicht. Aber der Ton lässt mich innehalten und zu ihm blicken. An dieser Stelle muss eine Handlung folgen: Mein Vater hebt mich hoch und trägt mich von der Steckdose weg. Mein Hirn speichert ab, dass „Nein" verbunden mit diesem Tonfall und dieser Handlung eine spezielle Bedeutung hat. Das Wort „Nein" ohne nachfolgende Handlung dagegen ist meistens bedeutungslos.

Auch beim Nein flexibel bleiben

Je älter und reflektierter Kinder werden, umso mehr stellen sie das elterliche Nein in Frage. Das ist gut, denn damit haben Eltern die Chance, ihre Haltung zu überprüfen – und Kinder lernen, ihre Bedürfnisse klarer zu formulieren. So kann ein offener Dialog entstehen.

Elsa (10): *„Kannst du mir heute schon mein Taschengeld geben? Ich will mir ein neues Computerspiel kaufen."*

Vater: *„Nein, da musst du noch zehn Tage warten."*

Elsa: *„Aber das Spiel ist so gut, bitte."*

Vater: *„Nein, ich finde es nicht gut, immer alles gleich kaufen zu wollen."*

Elsa zieht sich zurück. Eine Stunde später schaut der Vater in ihrem Zimmer nach ihr.

Vater: *„Alles gut? Du siehst sehr traurig aus."*

Elsa: *„Ja, alle meine Freunde haben das Spiel schon und sprechen nur noch darüber. Ich fühle mich ausgegrenzt."*

Vater: *„Dann versuche doch, andere Themen ins Gespräch einzubringen."*

Elsa (weinend): *„Das versuche ich ja auch. Doch es dreht sich dann immer wieder nur um das neue Spiel."*

Vater: *„Hm, das kann ich verstehen. Ausgegrenzt zu sein ist kein schönes Gefühl. Das habe ich selbst in der Schule erlebt, weil ich kein Fernsehen schauen durfte und dann nicht mitreden konnte. Weißt du was? Morgen gebe ich dir das Geld."*

Aus einem väterlichen Nein wurde nach dem Dialog ein Ja. Das ist okay. Am Anfang stand die Wertvorstellung im Vordergrund, nicht jedem Kaufimpuls zu folgen. Elsa durfte das blöd und traurig finden.

Nachdem der Vater verstanden hatte, was Elsas eigentliche Motivation war, nämlich nicht mehr ausgegrenzt zu sein, änderte er seine Meinung. Seine Tochter konnte die schöne Erfahrung machen, dass es sich lohnt, eigene Bedürfnisse zu erklären und für sie einzustehen.

Das kindliche Nein respektieren

Kinder können aus vollem Herzen Nein sagen. Eine Kunst, die ihnen dann leider durch Erziehung abgewöhnt wird. Kinder haben ein Recht auf ihre Grenzen. Da ihnen die Macht fehlt, diese durchzusetzen, brauchen sie uns Eltern als Grenzhüter. Babys und Kleinkinder äußern ihr Nein vor allem durch Körpersprache. Als die neue Nachbarin der kleinen Frieda zur Begrüßung die Hand geben will, dreht diese sich weg. Jetzt braucht es aufmerksame Eltern, die dieses Signal sehen und in Worte fassen: „Warten Sie noch ein bisschen mit dem Händeschütteln. Frieda begrüßt lieber erst mal nur mit Worten." So lernt Frieda, dass ihre Mutter ihre Grenzen sieht und auf diese achtet. Mit Beginn der Ichwerdung (fälschlich als Trotzalter bezeichnet) formulieren Kinder ihre Grenzen sehr deutlich: „Nein, lass mich!" In dieser Altersphase hilft folgende Faustregel: Kinder wissen, was sie wollen, jedoch nicht immer, was sie brauchen. Wenn der Sohn zum Beispiel im Schwimmbecken bleiben will, obwohl seine Lippen schon blau sind, müssen wir Eltern ihn auffordern herauszukommen. Kaum draußen, wird er sagen: „Mir ist kalt."

Bei nicht so eindeutigen Fällen besteht die Gefahr, dass sich ein Machtkampf zwischen Eltern und Kind entwickelt. Typische Anlässe sind Zähneputzen oder Anziehen, später Hausaufgaben. Jesper Juul empfiehlt, gelassen zu bleiben, wenn das Kind Nein sagt. Also einfach die eigene Meinung zu äußern und dann wegzugehen, anstatt Druck oder Kritik einzusetzen. Damit gibt man dem Kind Zeit, seinen Unwillen zur Kooperation zu überdenken. Es erhält die Chance, Ja zum Wunsch der Eltern zu sagen, ohne einfach zu gehorchen. So bleibt seine Integrität gewahrt und Machtkämpfe werden vermieden.

Kinder, die erleben durften, dass ihr Nein respektiert wird, haben eine sehr gute Grundlage für das eigene Abgrenzen. Gerade in der Pubertät hilft ihnen das. Jugendliche, die selbstbewusst zum Beispiel Gewalt und Drogen ablehnen, haben gelernt, dass Nein-Sagen in Ordnung ist. Die Basis dafür legen wir Eltern in der Kita- und Grundschulzeit.

Kommunikation ist der Schlüssel zu unserem Kind

Wir sind immer höflich, oder doch nicht?

7

Die eigene Familiensprache finden und leben

Lenas Mutter ist aufgeregt. *Ein Besuch bei ihrer Großmutter steht an. Tochter Lena (4) war noch nie in einem Altersheim und hat die Uroma bisher nur dreimal gesehen. In letzter Zeit gibt es zwischen Lena und ihren Eltern öfter Konflikte am Esstisch. Ihre Mutter befürchtet daher, dass der Besuch im Chaos enden könnte. Sie redet im Vorfeld auf Lena ein: „Ich will, dass du dich benimmst bei der Uroma." Lena guckt sie mit großen Augen an: „Ist doch klar, Mama. Da sind so viele alte Leute."*

Kinder sind im Alltag permanent von Sprache umgeben. Entweder, weil jemand mit ihnen redet, oder weil sie hören, wie die Eltern miteinander oder mit anderen sprechen. Diese Erfahrung ist sehr prägend. In einer Studie haben kanadische Wissenschaftler herausgefunden, dass unser Gehirn sich auch an verlernte Muttersprachen erinnern kann. Die frühkindlichen Spracherfahrungen bleiben also gespeichert und haben lebenslang einen bewussten oder unbewussten Einfluss.

Unter Familiensprache verstehen wir, wie Eltern miteinander und mit ihren Kindern in ihrer Muttersprache kommunizieren. Durch Wortschatz und Grammatik drückt sich in ihr auch eine innere Haltung aus. Verwenden die Eltern zum Beispiel hauptsächlich positive Adjektive, scheint eine lebensbejahende Grundstimmung vorzuherrschen. Diese saugt ein Kind wie die Muttermilch in sich auf. Leider gilt das auch für den entgegengesetzten Fall: Wenn Eltern immer alles als schwer und schlecht ansehen, übernehmen auch ihre Kinder diese Haltung.

Zu den typischen Folgen dieser Grundfärbung der Familiensprache zählen Glaubenssätze, die uns ein Leben lang begleiten, zum Beispiel „Das Leben ist ein Geschenk voller Fülle und Vielfalt", oder „Alles ist schwer und freue dich bloß nie zu früh". Wir Eltern haben es in der Hand – buchstäblich im Mund – wie unsere Kinder in die Welt hinausgehen. Achten Sie deshalb auf Ihre Familiensprache!

> Über unsere Sprache vermitteln wir nicht nur Worte, sondern auch unsere inneren Haltungen. Diese übertragen sich unweigerlich auf unser Kind.

Wenn wir Kinder als gleichberechtigte Gesprächspartner behandeln, entsteht Vertrauen

Soziale und persönliche Sprache

Familientherapeut Jesper Juul ringt mit deutschen Müttern. Das sagt er zumindest in einem Interview mit dem *ZEITmagazin*: „Ich habe meinen täglichen Kampf mit deutschen Müttern, um ihnen beizubringen zu sagen: Ich will. Dieses verdammte ‚Ich möchte' funktioniert beim Bäcker und im Restaurant, es ist eine soziale Sprache. Aber in einer Liebesbeziehung, wie wir sie zu unseren Kindern haben, funktioniert es überhaupt nicht."

Daran haben einige zu schlucken. Was genau ist gemeint? Jesper Juul unterscheidet zwischen einer sozialen und einer persönlichen Sprache. Die soziale Sprache brauchen wir für den Kontakt mit unserer Umwelt. Sie regelt unser Miteinander in der Gesellschaft. Da wir keine enge Beziehung zum Bäcker oder zur Kellnerin haben, verpacken wir unsere Wünsche in höfliche Formulierungen. Auch neigen wir dazu, aus Höflichkeit zu lügen. Oft antworten wir zum Beispiel auf die Frage „Hat es Ihnen geschmeckt?" mit Ja, um nicht unhöflich zu sein, auch wenn es uns nur mittelmäßig gemundet hat.

Indem wir eine persönliche Sprache verwenden, schützen wir unsere Integrität – und die unseres Gegenübers.

In der persönlichen Sprache sind wir direkt und offen. Das muss nicht verletzend sein. Vielmehr ist diese Direktheit ein Geschenk an unser Gegenüber, denn wir zeigen uns. Ein Kind beschenkt seine Eltern unreflektiert und ganz direkt mit seinen Gefühlen. Wenn es ihm nicht schmeckt, dann schiebt es den Teller weg und sagt: „Das mag ich nicht, bäh!" Ehrlicher geht es nicht.

Für Kinder ist es wichtig, dass sie sich innerhalb der Familie persönlich und ehrlich äußern dürfen. Denn im Kindergarten oder bei Freunden geht das häufig nicht. Das Phänomen kennen alle Eltern, die ein Kind zu Besuch haben. Oft drucksen die Besuchskinder um den heißen Brei herum, essen langsam und widerwillig den Nudelauflauf. Wenn dann der Satz „Schmeckt es dir nicht? Du musst es nicht essen" kommt, sind sie erleichtert. Kinder können also außerhalb ihrer familiären Sicherheitszone höflich, zurückhaltend und gehemmt sein. Umso wichtiger ist es, dass sie sich bei Mama und Papa nicht verstellen müssen.

Die persönliche Familiensprache

Persönliche Sprache ist gekennzeichnet von Ich-Botschaften: Ich spreche von mir und nicht über dich. Ein klassisches Beispiel für die unpersönliche Sprache ist die Situation, in der Eltern von sich in der dritten Person reden: „Die Mama geht kurz einen Teller holen." Das hört sich für ein Kind schräg an. Einfacher und persönlicher wäre es zu sagen: „Ich gehe kurz einen Teller holen." Die Kernfamilie zu Hause bietet den Raum und den sicheren Rahmen für eine persönliche Sprache. Weil Eltern und Kind sich bedingungslos lieben, kann das Kind hier ganz es selbst sein. Das ist die Grundlage für gelebte Authentizität und ein gesundes Selbstwertgefühl. Außerhalb der Familie lernt Ihr Kind durch die Reaktionen von Fachkräften, Verkaufspersonal, Großeltern und anderen, wann es angebracht ist, eine soziale, höfliche Sprache zu benutzen.

> Innerhalb der Familie darf die Kommunikation authentisch und ehrlich sein.

Kinder hören besser zu, als wir glauben

Kinder sind Experten für das unverfälschte und interpretationsfreie Zuhören. Was Eltern manchmal in den Wahnsinn treibt, ist eine Fähigkeit, die wir uns alle bewahren sollten. Wir Großen können von den Kleinen das genaue Zuhören lernen. Das zeigt folgendes Beispiel: Frieda (3) kommt mit ihrer Mutter vom Einkaufen zurück und bleibt im Treppenhaus stehen.

Frieda: *„Mama, ich kann nicht mehr."*
Mutter: *„Ach, Mäuschen, nur noch eine Etage."*
Frieda: *„Ich will auf den Arm. Du sollst mich tragen."*
Mutter: *„Nein, das geht nicht. Ich trage die Tüten."*
Frieda: *„Dann stell die Tüten doch ab."*

Großartig! Das Kind hört genau zu und schlägt eine Lösung vor. Dieses Beispiel kennen Eltern in vielen Facetten. Gerne lachen wir in solchen Situationen über die Weitsicht unserer Kinder. Sie haben uns ertappt, weil sie uns genau zuhören. Für sie ist der Hinweis auf die Tüten nicht gleichbedeutend mit der Botschaft „Ich will dich nicht tragen". Noch einmal: Das ist großartig! Kinder fordern uns auf, genau zu sagen, was wir meinen. Eine bessere Schule für authentische Kommunikation gibt es nicht. Seien Sie deshalb auch vorsichtig mit Versprechungen, die Sie nicht halten können oder wollen. Auch die merken sich Kinder und fordern sie mit Recht ein – manchmal sogar noch lange Zeit später.

Kinder sind das Echo der Familiensprache

Kinder lernen am realen Vorbild der Eltern. Fallen sie durch eine überdurchschnittlich unflätige Wortwahl oder eine aggressive Sprechweise auf, dann hilft ein ehrlicher Blick in den Spiegel. Wie rede ich als Frau und Mann beziehungsweise als Mutter und Vater eigentlich? Die Kinder lernen von uns, sie sind unser Echo.

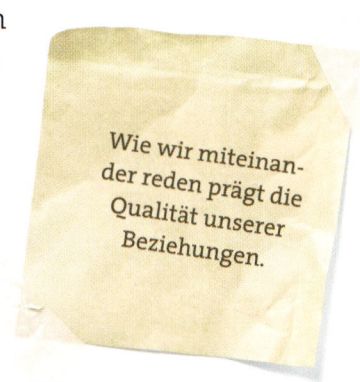

Wie wir miteinander reden prägt die Qualität unserer Beziehungen.

„Stopp!", höre ich da so manchen Leser ausrufen. „Wir sprechen ganz friedlich und harmonisch miteinander. Trotzdem ist unser Kleiner aggressiv." Auch hier lohnt sich der Blick in den Spiegel beziehungsweise hinter die Fassade. Familien- und Paarberater werden immer dann hellhörig, wenn die Klienten sagen, dass bei ihnen alles gut und friedlich sei. Sie wüssten gar nicht, woher die Kinder das auffällige Verhalten haben. Doch Kinder übernehmen im Familiensystem Rollen. Sie kooperieren mit dem ganzen Menschen namens Mutter oder Vater, auch mit den unbewussten oder unterdrückten Anteilen. Wenn die Mutter lächelt und eigentlich wütend ist, dann spüren Kinder diese Wut und leben sie teilweise stellvertretend aus. Wenn die Mutter aber lernt, sich ihrem Ärger zu stellen und ihn mit persönlicher Sprache zu artikulieren, braucht das Kind dies nicht mehr zu tun. Grundsätzlich gilt: Für die Qualität der Familiensprache sind die Eltern verantwortlich. Kinder sind das Echo und nicht die Quelle. Ist die Kommunikation innerhalb einer Familie destruktiv, dann müssen die Eltern ihre eigene Sprache und Körpersprache auf den Prüfstand stellen. Das Schöne dabei ist, dass die Kinder von selbst mitziehen, wenn die Eltern etwas ändern. Das ist viel einfacher, effektiver und für alle Familienmitglieder gesünder, als mit dem „Echo" zu schimpfen oder es ändern zu wollen.

KÖNNEN WIR DAS HIER FINALISIEREN?

Kinder drücken ihre Gefühle unmittelbar aus – auch ohne Worte

8

Körpersprache wirkt

Wieso verbale und nonverbale Übereinstimmung guttut

Sofia (5) fährt mit ihren Eltern zur Oma. *Nach mehrstündiger Autofahrt ist sie endlich da. Die Oma freut sich auf ihr Enkelkind und kommt ihr freudig entgegengelaufen. Sie möchte Sofia in den Arm nehmen und einen Begrüßungskuss geben. Doch Sofia dreht ihren Körper weg und umklammert das Bein ihres Vaters. Er sagt: „Hey, was ist denn los? Gib der Oma doch einen Kuss." Sofias Mutter kann die Körpersprache ihrer Tochter lesen und unterstützt sie mit den Worten: „Halt, das geht Sofia gerade zu schnell. Sie will das nicht. Lass uns erst einmal ins Haus gehen. Dann taut sie schon auf."*

amy Molcho ist ein berühmter Pantomime, Professor für Musik und darstellende Kunst und ein bekannter Lehrer für Körpersprache. In einer Vielzahl von Büchern, DVDs und Vorträgen gibt er Tipps zur Entschlüsselung der nonverbalen Kommunikation. In einem Buch beschäftigt er sich sogar ausschließlich mit der *Körpersprache der Kinder*. Denn es gibt einen großen Unterschied zwischen der Art, wie Erwachsene sich nonverbal ausdrücken, und wie Kinder dies tun.

Samy Molcho fasst zusammen: „Die Körpersprache von Kindern ist nicht, wie man meinen könnte, reicher als die von Erwachsenen. Im Gegenteil, sie ist elementar, einfacher und damit auch ärmer. Kinder brauchen auch keinen komplizierten Wortschatz, um ihre alltäglichen Bedürfnisse auszudrücken." Tatsächlich sehen wir Kindern sofort an, wie sie eine Botschaft aufnehmen oder was sie bei einem Erlebnis fühlen. Denn sie folgen ihrem inneren Impuls. Das kann Freude, Angst, Trauer, Wut oder Ekel sein. Ihr ablehnender Gesichtsausdruck bei scharfem Essen spricht zum Beispiel Bände. Sie mögen es nicht. Eltern, die dann darauf bestehen, dass ihr Kind davon isst, haben seine Zeichen nicht verstanden. Schauen Sie hin!

> Ob wir wollen oder nicht: Unser Körper spiegelt unser Gefühle wider.

Der Körper als Sprache der Gefühle

Kinder drücken eins zu eins aus, wie sie sich fühlen. Als Baby, Kleinkind und auch später noch – sofern die Eltern dies zulassen. Der elterliche Satz „Ein Indianer kennt keinen Schmerz" soll ein Kind vom Weinen abhalten. Generationen sind mit ihm erzogen worden, auch heute noch hört man den Spruch auf Spielplätzen. Die Botschaft ist klar: Zeige keinen Schmerz, sei stark! Leider glaubt ein Kind das und gerät in ein Dilemma: Soll ich meinem Gefühl nachgeben und weinen oder soll ich auf meine Eltern hören? In diesem Fall hören Kinder meist auf ihre Eltern. Das ist die Kehrseite der bedingungslosen Liebe, die sie den Eltern entgegenbringen: Die eigenen Gefühle werden unterdrückt, als falsch bewertet und überspielt.

Erwachsene kennen das. Denn unser berufliches, privates, unser soziales Leben allgemein funktioniert so: Zeige keine Gefühle, besonders nicht die negativen. Überspiele sie notfalls. Meistens funktioniert

diese „verbale Kosmetik" jedoch nicht, denn unser Körper verrät uns. Unsere Haltung haben wir möglicherweise noch im Griff. Doch das Zucken in unserem Gesicht kann dem aufmerksamen Beobachter einen Hinweis darauf geben, wie es uns hinter unserer Maske geht.

Au Backe! Die Beißattacke

Beißen ist nonverbale Kommunikation – sozusagen eine schmerzhafte Körpersprache. In ihrem Buch *Das gewünschteste Wunschkind aller Zeiten treibt mich in den Wahnsinn* beschreiben die Autorinnen das Beißen als Kommunikationsversuch aus Wut oder Liebe.

Beißen aus Wut: Martha (3) möchte von Linda (3) die Puppe haben. Linda gibt sie nicht her. Martha zieht an der Puppe, woraufhin Linda sie beißt. Was passiert hier? Linda kann sprachlich „Ich will die Puppe behalten!" nicht ausdrücken. In ihrer Not beißt sie zu. Das passiert fast überall in Kindergärten, auf Spielplätzen oder zu Hause. Eltern können eingreifen, indem sie ein Stopp-Zeichen geben und dem Kind alternative Verhaltensweisen zeigen, körperlich und sprachlich.

Beißen aus Liebe: Es kommt vor, dass Kinder zum Beispiel beim Kuscheln beißen. Auch hier handelt es sich um einen Versuch zu kommunizieren beziehungsweise Spannung abzubauen. Die Autorinnen sehen darin eine Übersprungshandlung des Kindes: Es ist so voller Glück über das Kuscheln, dass es nicht weiß, wohin damit. Das Gehirn sendet den Beißimpuls an den Kiefer, um diese Spannung abzubauen. Bei so einem Liebesbiss ist es wichtig, dass Eltern nicht erbost und mit „Lass das!" reagieren, sondern mit einem gelassenen „Hey, das Beißen tut mir weh. Drück mich lieber."

Auf authentische Signale achten

Kinder sind gute Beobachter. Sie spüren, wie es Mama oder Papa hinter der Fassade geht. Damit sind sie eine Art Seismograph im Familienleben. Sie erkennen zum Beispiel das Brodeln im Inneren der Mutter. Zeigt diese ihren Ärger dann nicht, sendet sie widersprüchliche Signale aus.

Luis (5) hat sich Schokolade aus der Süßigkeitenbox in der Küche genommen. Er weiß, dass er das nicht ohne zu fragen darf. Doch die Verlockung war zu groß. Die Mutter ärgert sich darüber und folgender Dialog entspinnt sich:

Mutter: *„Luis, komm bitte mal in die Küche!"*

Luis geht mit ihr in die Küche.

Mutter (lächelnd, aber innerlich kochend): *„Willst du mir was sagen?"*

Luis (die Bedrohung hinter dem Lächeln spürend): *„Nein."*

Mutter: *„Wirklich nicht?"*

Luis: *„Nein."*

Luis will aus der Küche gehen. (Ganz natürliches Fluchtverhalten vor der nicht sichtbaren Bedrohung.)

Mutter (jetzt laut): *„Luis, bleib hier! Warst du an der Schokolade?"*

Luis (eingeschüchtert): *„Nein."*

Mutter (streng): *„Lüg mich nicht an!"*

Luis (unter Tränen): *„Ja, aber nur fünf Stück."*

Mutter: *„Das darfst du nicht, das weißt du! Mich ärgert das. Versprich mir, das nicht wieder zu tun."*

Die Mutter möchte Luis in den Arm nehmen. Doch Luis entzieht sich ihr und geht weg. Er denkt: *„Jetzt hast du, was du wolltest, und nun lass mich in Ruhe."*

Dieses Beispiel zeigt, dass widersprüchliche Signale nicht zu Lösungen führen und keine guten Gefühle hervorrufen. Das Lächeln der Mutter passt nicht zu ihrer inneren Verfassung. Somit „belügt" sie ihren Sohn. Ehrlicher und für Luis verständlicher wäre es gewesen, wenn sie ohne Lächeln und mit einem ärgerlichen Gesichtsausdruck nach der fehlenden Schokolade gefragt hätte. Das hätte sich für Luis zwar auch nicht gut angefühlt, doch zumindest wäre ihm die Bedrohung klar gewesen.

> Kinder reagieren besonders sensibel auf den Klang unserer Stimme, auf unsere Gesten und unsere Mimik. Auch nehmen sie wahr, ob wir räumlichen Abstand zu ihnen halten.

Körpersprache als gelebte Authentizität

Im Idealfall ist die Wortsprache identisch mit der Körpersprache. Oft bekommen Eltern das spontan jedoch nicht hin. Das ist auch nicht schlimm; es reicht, wenn sie es merken und ansprechen. Für das genannte Beispiel würde dies bedeuten, dass die Mutter nach einer Weile noch einmal auf Luis zugeht: „Hör mal, Luis. Es tut mir leid, wie ich mich vorhin verhalten habe. Ich war wütend darüber, dass Schokolade gefehlt hat. Doch das habe ich dir nicht gezeigt, sondern ich habe gelächelt und dich damit verunsichert."

Verstellen Sie sich nicht im Umgang mit Ihrem Kind. Es wird Sie ohnehin durchschauen.

Damit wird Luis' Wahrnehmungsfähigkeit gestärkt und bestätigt: Er lag ganz richtig, als er dem Lächeln der Mutter unbewusst nicht getraut hat. Lächelt diese künftig nur dann, wenn ihr wirklich danach ist, gibt es für ihn auch keinen Grund, misstrauisch zu sein. Kinder lernen nach dem Prinzip von Ursache und Wirkung. Ein Kind weiß: Wenn es eine Schmollmiene macht, wird der Vater schwach und kauft das erhoffte Eis. Es lohnt sich also zu schmollen. Ganz einfach. Wir Eltern entscheiden, wie ein solches Spiel ausgeht. Vom Kind können wir nicht erwarten, sich anders zu verhalten, denn es reagiert auf unsere Signale. Diese lohnt es sich zu reflektieren: Welche Signale senden wir aus? Sind wir auch körperlich zugewandt, wenn wir unserem Kind sagen, wie sehr wir es lieben? Unterstützt eine stabile Körperhaltung das Nein, das wir gerade ausgesprochen haben?

Manchmal ist dieser Prozess schmerzhaft, denn jeder Mensch hat in seinem Leben Erfahrungen gemacht, die ihn prägen. Wer als Kind seine Gefühle nicht zeigen durfte, dem fällt das auch als Erwachsenem schwer. Der Blick auf die eigene Körpersprache beleuchtet die eigenen Kommunikationsmuster und eröffnet die Möglichkeit zur Veränderung. Üben Sie sich darin, Worte und Körper in Einklang zu bringen – so werden Sie wieder authentisch.

Liebevoller Körperkontakt ist eine wichtige Zutat für die Kommunikation in der Familie

9

Einfacher als man denkt

Die Zutaten gelungener Kommunikation

Dreimal in der Woche schafft es die Familie von Martin (6) und Antonia (4), gemeinsam Abendbrot zu essen. Diese Zeit genießen alle in vollen Zügen. Vor Kurzem hat die Mutter ein neues Ritual eingeführt, der Tipp dazu kam von Antonias Erzieherin. Denn die Mutter beklagte beim Elternabend, dass Antonia nie erzähle, was sie tagsüber in der Kita erlebt. Das neue Ritual besteht darin, dass alle Familienmitglieder reihum drei Fragen beantworten: Was war heute schön? Was war witzig? Und was war blöd? Oft wetteifern Martin und Antonia darum, beginnen zu dürfen. Für die Eltern ist es neu, die Kinder nicht nur zu befragen, sondern auch von ihren eigenen Erlebnissen zu erzählen.

Kinder brauchen keine Checklisten-Eltern. Also keine Eltern, die alles richtig machen (wollen) und dabei ihre Intuition vergessen und spontane Impulse unterdrücken. Kinder brauchen Eltern, die authentisch und familienverträglich alle Emotionen ausleben und Verantwortung für die Beziehung zu den Kindern übernehmen. Darauf fußt eine gesunde Kommunikation in der Familie. Das Gelingen einer herzlichen, zugewandten und konstruktiven Kommunikation kann nie garantiert werden. Zu viele Faktoren und Unwägbarkeiten spielen dabei eine Rolle. Doch es gibt drei zentrale Merkmale, auf die Eltern achten können.

1. Altersgerechte Kommunikation

Passen Sie Körpersprache, Wortwahl und Themen dem Alter Ihres Kindes an. Bei einem Baby und Kleinkind kommt es sehr auf Ihre Körpersprache, den Blickkontakt und die Mimik an. Es selbst kann auch nur lächeln, blubbern oder schreien. Alles andere drücken Babys und Kleinkinder über Körpersprache aus. Das bedeutet für Sie: Lesen und interpretieren Sie diese Signale. Ihr Kind teilt Ihnen über seinen Körper seine Empfindungen mit.

Sobald Ihr Kind selbst spricht, beginnt der freudige Dialog. Helfen Sie Ihrem Kind durch eine altersgerechte Wortwahl, seine Gefühle, Empfindungen und Beobachtungen auszudrücken.

Entwickeln Sie eine Kunst des Zuhörens. Lassen Sie Ihr Kind aussprechen und selbst Sachen oder Situationen beschreiben. Kinder sind neugierig und wollen lernen. Wenn ich als Elternteil die Sätze meines Kindes immer stellvertretend beende, dann brauche ich mich nicht zu wundern, wenn mein Kind kaum spricht. Achten Sie also auf Ihre eigene Geduld im Gespräch mit Ihrem Kind.

> Hören Sie Ihrem Kind aufmerksam zu. Dann können Sie wirklich verstehen, wie es ihm geht.

WIE WAR DEIN TAG?

Kommunikation funktioniert dann gut, wenn sie mit Augenkontakt stattfindet

2. Das richtige Setting

Kommunikation findet in vielen verschiedenen Situationen statt. Zwischen Kinderzimmertür und Flur, auf dem Weg von der Küche ins Badezimmer, am Telefon oder gemeinsam am Esstisch. Damit Kinder sich gehört und gesehen fühlen, hilft es sehr, einen festen Ort und eine feste Zeit für das Familiengespräch einzuführen. Kinder lieben Rituale, denn diese geben Halt und Stabilität. Sehr gut geeignet sind dafür die gemeinsamen Mahlzeiten, zum Beispiel das Abendbrot. Hier kann der Tag reflektiert werden.

Entscheidend ist dabei Art und Weise. Ein Verhör („Was hast du heute erlebt? Erzähl doch mal!") baut nur Druck auf. Hier hilft ein einfacher Trick: Erzählen Sie von Ihren Erlebnissen, entweder den Kindern oder Ihrem Partner. Sie werden erstaunt feststellen, dass Kinder sich gerne an einem Gespräch beteiligen und bereitwillig erzählen, wenn sie es dürfen und nicht müssen.

> Kinder und Erwachsene mögen es nicht, wenn man sie zum Erzählen drängt.

Durchaus angenehm kann auch gemeinsames Schweigen sein. Nicht das ganze Essen über, lediglich am Anfang für drei bis fünf Minuten. Stellen Sie eine Sanduhr und beginnen Sie in Ruhe das Abendbrot.

Damit ermöglichen Sie allen, in den inneren Dialog zu gehen, sich selbst zu spüren oder einfach in Ruhe die ersten Bissen zu genießen. Damit schaffen Sie eine gute Ausgangsbasis, um später zu erzählen, zu fragen oder über das Komische in unserem Alltag zu lachen.

3. Konflikte ansprechen

Meiden Sie Konflikte nicht. Dadurch verschwinden diese nicht, sondern werden größer. Sprechen Sie Konflikte an und übernehmen Sie Ihren Teil der Verantwortung. Das geht am besten mit der persönlichen Sprache: „Ich will ..." oder „Ich will nicht ...". Jeder Konflikt ist ein Geschenk an Sie als Eltern und an das Kind. Denn so werden wir Eltern gefordert, Klartext zu reden, und unser Kind lernt an unserem Beispiel, wie Konflikte angesprochen, gefühlt und gelöst werden können. Das ist eine wichtige Kompetenz, auch für das Leben außerhalb der Familie.

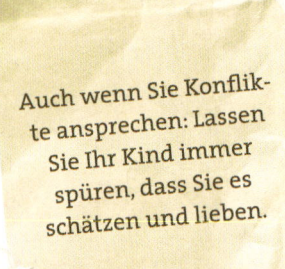

Auch wenn Sie Konflikte ansprechen: Lassen Sie Ihr Kind immer spüren, dass Sie es schätzen und lieben.

Ob ein Konfliktthema verhandelbar ist oder nicht, entscheiden Sie als Mutter oder Vater. Dafür müssen Sie sich selbst über Ihren Willen und Ihre Gefühle im Klaren sein. Denn nur dann kann die Familie an einem Streit wachsen und mehr Lösungskompetenz gewinnen. Im Idealfall können Sie abends mit Ihrem Kind über Zoff am Morgen lachen. Und im entspannten Gespräch mit Ihrem Kind können Sie die Zauberfrage stellen: „Was brauchst du, damit wir morgens nicht mehr so viel Ärger beim Anziehen haben?" Sie werden erstaunt sein, wie schnell ein Konflikt beendet werden kann, wenn Sie Ihrem Kind zuhören und es beim Wort nehmen.

Literatur

S. 6: Paul Watzlawick, abzurufen unter: www. paulwatzlawick.de/axiome.html

S. 6: Heinrich von Kleist: Sämtliche Werke und Briefe, Band 1, Carl Hanser, München 1977.

S. 7: Thich Nhat Hanh: achtsam sprechen – achtsam zuhören: Die Kunst der bewussten Kommunikation, O. W. Barth, München 2014.

S. 9: Remo H. Largo: Babyjahre. Entwicklung und Erziehung in den ersten vier Jahren, Piper, München 2017.

S. 12: Marc Baumann: Nein, in: Süddeutsche Zeitung Magazin 51/2013.

S. 13: Jesper Juul: Was Familien trägt. Werte in Erziehung und Partnerschaft. Ein Orientierungsbuch, Beltz, Weinheim 2016.

S. 18: Jesper Juul: Kinder haben kein Trotzalter, abzurufen unter: www.derstandard. at/1350259429052/Wie-behandelt-man-Kinder-im-Trotzalter

S. 20: Andrea Kästle / Mathias Voelchert: Ich geh aber nicht mit zum Wandern! Die 50 häufigsten Familienkonflikte und wie Sie da gut wieder rauskommen, Kösel, München 2015.

S. 24: Carmen Eschner: Welche Erziehung ist richtig? Wechselnde Empfehlungen der Elternratgeber in den letzten Jahrzehnten, abzurufen unter: www.kas.de/wf/de/33.52836/

S. 24: Jesper Juul: Dein kompetentes Kind. Auf dem Weg zu einer neuen Wertgrundlage für die ganze Familie, Rowohlt, Reinbek 2009.

S. 30: Spektrum.de: Süchtigmachendes Babylächeln, abzurufen unter: www.spektrum. de/news/suechtigmachendes-babylaecheln/961194

S. 30: Beatrice Sobeck: Ist Babysprache sinnvoll oder schädlich?, abzurufen unter: www. baby-und-familie.de/Entwicklung/Ist-Baby-sprache-sinnvoll-oder-schaedlich-538837.html

S. 31: Jesper Juul: Dein kompetentes Kind.

S. 36: Danielle Graf / Katja Seidel: Das gewünschteste Wunschkind aller Zeiten treibt mich in den Wahnsinn. Der entspannte Weg durch Trotzphasen, Beltz, Weinheim 2016.

S. 42: Jesper Juul: Nein aus Liebe. Klare Eltern – starke Kinder, Beltz, Weinheim 2016.

S. 44: Danielle Graf / Katja Seidel: Das gewünschteste Wunschkind aller Zeiten treibt mich in den Wahnsinn.

S. 48: Julika Meinert: Das Gehirn erinnert auch verlernte Muttersprachen, abzurufen unter: www.welt.de/gesundheit/psychologie/article134491229/Das-Gehirn-erinnert-auch-verlernte-Muttersprachen.html

S. 49: Interview mit Jesper Juul: „Ich kämpfe täglich mit deutschen Müttern", abzurufen unter: www.zeit.de/2010/09/Jesper-Juul

S. 54: Samy Molcho: Körpersprache der Kinder, Ariston, München 2016.

S. 55: Danielle Graf / Katja Seidel: Das gewünschteste Wunschkind aller Zeiten treibt mich in den Wahnsinn.

Der Autor

Sascha Schmidt ist Familien- und Paarberater mit dem Schwerpunkt Beziehungskultur. Als familylab-Seminarleiter hält er deutschlandweit Vorträge und schreibt Gastbeiträge. Aktuelle Bücher sind „Wieder Paar sein! Erfüllte Zweisamkeit trotz Arbeit und Kind" sowie „Neue Väter – neue Karrieren". Sascha Schmidt hat zwei Töchter aus erster Ehe und lebt mit seiner zweiten Frau in Bordesholm bei Kiel.

Impressum

„Hör mir doch mal zu!" ist ein Sonderprodukt der Zeitschrift *kizz* und des Internetauftritts *www.kizz.de*.

© Verlag Herder Freiburg im Breisgau 2019
Alle Rechte vorbehalten
www.herder.de

Fotos:
Titelfoto: Getty Images
Fotos Innenteil:
Seite 28, 46, 55: plainpicture
Seite 4, 10, 16, 22, 34, 40, 52, 58: Getty Images
Seite 61: istockfoto
Seite 48: fotolia

Illustrationen: Julia Dürr, www.juliaduerr.net
Umschlagkonzeption: Beatricc Hofmann, Beeconcept, Mühltal
Umschlaggestaltung: Manuela Becher, www.schwarzwald-maedel.de
Satz und Layout: Arnold & Domnick, Leipzig
Herstellung: Polygraf Print, Prešov
Printed in Czech Slovakia

ISBN 978-3-451-00793-4